Hans Peter Richter
Damals war es Friedrich

Hans Peter Richter

Damals war es Friedrich

Deutscher Taschenbuch Verlag

Das Werk wurde auch ins Dänische, Englische, Französische, Friesische, Hebräische, Italienische, Japanische, Katalanische, Niederländische, Norwegische, Portugiesische, Schwedische und Spanische (Kastilische) übersetzt. Zusätzlich gibt es deutschsprachige Ausgaben auch im Ausland.

Bearbeitete Neuausgabe
nach den Regeln der Rechtschreibreform
50. Auflage August 2003
1974 Deutscher Taschenbuch Verlag GmbH & Co. KG,
München
www.dtvjunior.de
© 1980 Leonore Richter-Stiehl, Mainz
Umschlaggestaltung: Jorge Schmidt und Tabea Dietrich
Umschlagbild: Bernhard Förth unter Verwendung
eines Fotos von Jan Roeder
Gesetzt aus der Garamond Monotype 11/13'
Gesamtherstellung: Ebner & Spiegel, Ulm
Printed in Germany · ISBN 3-423-07800-6

Damals waren es die Juden . . .
Heute sind es dort die Schwarzen,
hier die Studenten . . .
Morgen werden es vielleicht die Weißen,
die Christen oder die Beamten sein . . .

Inhalt

Vorgeschichte

Irgendwer hatte ihn Polykarp getauft. Und diesen Namen behielt er, solange er unseren Vorgarten beherrschte.

Zu einer grünen Hose und einer roten Weste trug Polykarp eine blaue Zipfelmütze. Seine linke Hand steckte in der Hosentasche, mit der rechten umfasste er eine lange Pfeife. So stand er mitten auf dem Rasen und blickte über den Vorgarten wie jemand, der seinen Feierabend genießt.

Polykarp verließ seinen Platz nie. Wuchs das Gras zu hoch, verwehrte es ihm die Sicht auf die Dahlien am Gartenzaun, dann kroch die Frau des Hausbesitzers auf den Knien mit der Rasenschere über die kleine Wiese und schnitt die Halme bis auf Streichholzlänge ab.

Herrn Resch, den Hausbesitzer selber, sah man nur an hohen Feiertagen, wenn schönes Wetter war. Langsam schritt er bis zur Mitte seines Vorgartens. Seine Frau brachte ihm rasch einen Stuhl nach und schnaufend setzte er sich neben Polykarp, seinen Gartenzwerg. Genau eine Stunde blieb der dicke Herr Resch auf dem Stuhl sitzen. Er schaute auf die Straße und musterte die Vorübergehenden. Dann erhob er sich, umkreiste einmal Polykarp und begab sich prustend wieder in sein Haus. Bis zum nächsten Feiertag beobachtete er Polykarp, den Vorgarten und die Straße nur vom Fenster aus.

Herr Resch war nicht bloß Hausbesitzer. Als Vertreter für Badeanzüge hatte er angefangen. Mit den Jahren war ihm der Aufstieg zum Großhandelsvertreter gelungen. Nun ließ er andere für sich arbeiten. Er selbst saß am Fernsprecher und leitete seine Geschäfte von dort aus. Endlich durfte er herrschen – und er ließ es jeden spüren: Sein Haus war sein Herrschaftsbereich; Vertreter und Hausbewohner waren seine Untertanen.

Wir wohnten im ersten Stock. Oder nein, meine Eltern wohnten damals im ersten Stock. Mein Vater war arbeitslos und wollte schon die Wohnung bei Herrn Resch gegen eine kleinere eintauschen, als ich mich anmeldete.

Im Jahre 1925 hatten die meisten Deutschen keine Ersparnisse mehr, denn eben erst war die Geldentwertung überstanden. Bald eine lohnende Beschäftigung zu finden, dafür bestanden geringe Aussichten. Not und Arbeitslosigkeit nahmen überall zu.

So machten sich meine Eltern noch mehr Sorgen, als ich zur Welt kam: Auch ich wollte essen und musste angezogen werden.

Genau eine Woche nach meinem Geburtstag wurde Friedrich Schneider geboren. Schneiders wohnten im gleichen Haus, eine Treppe höher. Herr Schneider war Beamter bei der Post. Meine Eltern kannten ihn wenig. Er grüßte freundlich, wenn er morgens zu seiner Dienststelle ging, und er grüßte ebenso freundlich, wenn er abends nach Hause zurückkam; nur gelegentlich wechselte man einige Worte.

Frau Schneider, eine kleine dunkelhaarige Frau, sah

man noch seltener. Sie kaufte ein oder putzte ihre Treppe und verschwand gleich darauf wieder in der Wohnung. Wem sie begegnete, den lächelte sie an, aber sie blieb nie auf der Straße stehen. Erst nachdem Friedrich und ich so kurz nacheinander anrückten, kamen unsere Eltern sich näher.

Reibekuchen

Mutter und ich saßen noch beim Frühstück, als Frau Schneider klingelte. Sie musste im Rathaus vorsprechen. Während dieser Zeit wollte sie Friedrich nicht allein in der Wohnung lassen und mitnehmen mochte sie ihn auch nicht. Sie fragte an, ob er zu uns kommen dürfe.

»Bringen Sie ihn nur«, sagte meine Mutter, »dann können die beiden hier miteinander spielen.«

Eine halbe Stunde später stand Friedrich in der Tür. Wir kannten uns, wir hatten schon miteinander gezankt, aber obgleich er nun schon vier Jahre über uns lebte, war Friedrich noch nie in unserer Wohnung zu Besuch gewesen.

Breitbeinig stellte ich mich vor das Zimmer, in dem meine Spielsachen lagen. Die Ermahnungen meiner Mutter halfen nichts; ich wich nicht von der Stelle. Feindselig betrachtete ich Friedrich: Ich wollte meine Spielsachen nicht mit ihm teilen.

Friedrich schaute mich an, dann hockte er sich mit

dem Rücken gegen die Flurtür. Aus der Hosentasche zog er ein spannenlanges Aststückchen. »Mein Vater war im Schwarzwald«, sagte er, »von dort hat er mir die Flöte mitgebracht. Es ist eine Kuckucksflöte!« Friedrich setzte die Flöte an und blies einmal »Kuckuck«. Darauf nahm er sie wieder aus dem Mund und lachte mich an. Dann wiederholte er das Spiel.

Jedes Mal, wenn Friedrich sein »Kuckuck« blies, rückte ich einen Schritt näher, bis ich dicht vor ihm stand.

Friedrich lachte wieder und drückte mir die Kuckucksflöte in die Hand.

Zunächst verstand ich nichts. Stumm und dumm starrte ich Friedrich an. Dann begriff ich. Wortlos fasste ich ihn beim Rockärmel, zog ihn über den Flur und schob ihn durch die Tür bis zu meinen Spielsachen. »Du darfst damit spielen«, sagte ich. Nur meinen Bären rettete ich. Mit ihm verkroch ich mich in die Ecke neben meinem Bett. Dort begann ich »Kuckuck« zu blasen, immerfort »Kuckuck«.

Friedrich packte zuerst meinen Baukasten aus. Er versuchte alle Klötze zu einem Turm aufeinander zu setzen. Aber der Turm stürzte immer wieder ein. Anfangs machte das noch Spaß, er lachte laut darüber; dann wurde er ärgerlich und begann mit den Holzwürfeln zu schimpfen; schließlich warf er selber alles um und suchte sich ein anderes Spielzeug. Er fand meinen Lastwagen. Nun stapelte er die Klötze auf die Ladefläche und den Anhänger. Mit dem voll beladenen Fahrzeug kurvte er durch das Zimmer.

Inzwischen hatte ich das »Kuckuck«-Rufen überbekommen. Vom ungewohnten Blasen tat der Unterkiefer mir weh. Ich legte die Flöte beiseite und holte die Eisenbahn aus dem Spielzeugschrank.

Friedrich reichte mir die Schienen an und ich setzte sie zusammen. Dann stellten wir die Wagen auf.

Friedrich durfte die Lokomotive aufziehen; denn ich hatte eine Lokomotive mit Uhrwerk.

Der Zug fuhr los.

Wenn er anhalten sollte, musste man auf dem Bauch hinterherrutschen und einen Hebel im Führerhaus umlegen. Aber meistens blieb der Zug von selber stehen, weil das Uhrwerk abgelaufen war. Zuerst spielten wir Güterzug, indem wir getrocknete Rosskastanien auf die Wagen legten. Dann zeigte ich Friedrich, wie man den Zug entgleisen lässt, und wir spielten Eisenbahn-Unglück.

Zuletzt wurden wir spielmüde. Auf dem Fußboden ausgestreckt guckten wir stumpfsinnig auf die Lampe. Rings um uns verstreut bedeckten Klötze, Schienen, Kastanien, Eisenbahnwagen, alte Lappen und Papierfetzen die ganze Fläche. Nur mein Bär saß aufrecht in der Ecke und überblickte das Durcheinander.

Da trat Mutter ein. Sie forderte uns auf mit ihr Reibekuchen zu backen.

Reibekuchen gab es bei uns nur zu besonderen Anlässen. Sie waren Vaters Leibgericht. Wenn Mutter Reibekuchen machte, durften alle helfen. Sonst rieb Vater die Kartoffeln, ich hackte Zwiebeln, bis mir die Augen tränten.

Weil Vater nicht zu Hause war, stopfte ich diesmal die geschälten Kartoffeln in die Reibemaschine und Friedrich drehte. Mutter schnitt die Zwiebeln selber, weil sie fürchtete, wir würden uns mit dem Wiegemesser verletzen. Dafür streuten wir dann Mehl über den Brei und gaben eine Prise Salz zu. Wir waren ganz stolz auf unsere Leistung! Mutter setzte die Pfanne mit Öl auf die Flammen. Wir rückten nahe an den Herd, um besser sehen zu können. Das siedende Fett prasselte. Als der Kartoffelteig in die Pfanne fiel, zischte es auf. Qualm füllte die Küche. Es duftete. Mutter wendete den Fladen, damit auch die andere Seite backen konnte. Am Rande war der Reibekuchen dunkelbraun; gegen die Mitte wurde er heller braun; in der Mitte ging dann das Hellrotbraune in ein Graugrün über. Fertig!

Den ersten Reibekuchen erhielt Friedrich.

»Heiß!«, sagte Mutter.

Friedrich warf den Reibekuchen von einer Hand in die andere.

Ich schnappte ihm den frisch gebackenen weg.

Friedrich riss ihn wieder an sich.

Wir balgten.

Mutter schalt.

Das Öl in der Pfanne knallte.

Der Reibekuchen lag am Boden.

Dann einigten wir uns. Friedrich biss an der einen Seite, ich an der anderen. Auf diese Weise aßen wir schließlich alle Reibekuchen.

Es war ein Fest! Bis wir müde und satt neben dem Herd an der Wand lehnten.

»Und für Vater habt ihr keinen einzigen übrig gelassen«, sagte Mutter. »Schade!« Sie räumte die Pfanne fort. Dann betrachtete sie uns. »Ihr seht aus!«, meinte sie. »Ihr müsst in die Badewanne.« Was Mutter weiter sagte, ging in unserem Freudengebrüll unter.

Wir platschten, kreischten, gurgelten, schrien, plumpsten, spritzten und lachten in der Badewanne.

Mutter lief mit dem Putzlappen vom Kopfende zum Fußende und zurück, um das Wasser am Boden aufzuwischen.

Erst als von unten gegen die Decke geklopft wurde, beruhigten wir uns.

Diese Gelegenheit nutzte Mutter, um uns sauber zu waschen. Einmaliges Abseifen reichte nicht. Erst als wir zum dritten Mal aus dem Schaum gespült wurden, konnte man unsere richtige Farbe wieder erkennen.

Während ich noch in der Wanne plantschte, kümmerte Mutter sich um Friedrich. Als sie ihn abtrocknete, sagte sie lachend: »Na, Fritzchen! Du siehst aus wie ein kleiner Jude!«

Schnee

»Mutter!«, sagte ich, »es schneit so schön. Ich möchte hinaus!«

Mutter antwortete aus der Küche. »Das glaube ich dir. Aber erst kommt die Arbeit, mein Junge, dann gehen wir in den Schnee.«

Der Vorgarten war im Schnee begraben. Nur die Spitze von Polykarps blauer Zipfelmütze ragte aus der weißen Decke. Auf dem Plattenweg von der Haustür bis zum Gartentörchen glitzerte es noch unberührt.

Obwohl die Flocken ruhig und gleichmäßig weiterfielen, trat Frau Resch in den Vorgarten hinaus. Mit einer Schaufel schabte sie den Schnee von den Platten und warf ihn zur Seite, dorthin, wo die gestutzten Rosenstöcke standen. Sie räumte den ganzen Weg, indem sie den Schnee auf das Beet häufte, bis sich ein langer Hügel von der Haustür bis zum Gartentörchen erstreckte. Danach begab sie sich wieder in ihre Wohnung.

»Mutter«, rief ich, »Frau Resch hat den Schnee fortgeschaufelt!«

Mutter lachte. »Tröste dich! Es wird noch mehr, viel mehr fallen.«

Die Haustür schlug zu. Friedrich lief bis zum Törchen. Draußen sprang er mit beiden Füßen gleichzeitig in den Schnee. Behutsam machte er einen sehr großen Schritt, drehte sich um, bückte sich und betrachtete seine Sohlenabdrücke. Dann richtete er sich auf. Er legte den Kopf zurück, so weit er konnte, öffnete den Mund und ließ sich hineinschneien. Sogar die Zunge streckte er heraus, um damit Schneeflocken zu fangen. So stand er eine ganze Weile und schluckte Schnee. Dann guckte er wieder auf seine Spur. Dabei kam ihm anscheinend ein neuer Gedanke. Er begann eine Fährte in den Schnee zu stapfen. Weil beim Gehen der

Schnee so herrlich aufstäubte, lief Friedrich schließlich mit schleifenden Füßen. Um ihn wirbelten Wolken von Flocken.

»Mutter«, fragte ich, »Friedrich spielt schon im Schnee. Dauert es noch lange?«

Mutter sagte: »Du musst warten lernen. Hab noch ein wenig Geduld.«

Ganz leise schloss Frau Schneider die Haustür. Als sie Friedrich vor dem Nachbarhaus entdeckte, schlich sie ihn von hinten an. Ehe er noch seine Mutter bemerkte, warf sie ihm mit beiden Händen Schnee über den Kopf.

Friedrich schrie auf und schüttelte sich. Er blickte sich um. Als aber seine Mutter ihm immer mehr Schnee entgegenschleuderte, duckte er sich lachend. Mit gespreizten Fingern schützte er sein Gesicht. Ein Satz! Er stand vor seiner Mutter. Den Kopf versteckte er unter ihrem Mantel und presste sich fest an sie, um dem Gestöber zu entfliehen.

Frau Schneider hockte sich hin. Lachend drückte sie Friedrich an sich und klopfte ihm den Schnee aus dem Mantel. Dann fasste sie ihn bei den Schultern und tanzte mit ihm im Schnee herum.

»Mutter«, bat ich, »auch Frau Schneider ist bei Friedrich im Schnee. Lass uns doch bitte hinuntergehen!«

Mutter seufzte. »Quäl mich doch nicht, Junge, ich beeile mich schon!«

Vom Bordstein aus schaute Frau Schneider nach links und rechts, ob die Straße frei wäre. Dann nahm sie einen kurzen Anlauf und schlitterte quer über die Fahrbahn. Das wiederholte sie drei- oder viermal, bis man die Schleifbahn erkennen konnte. Sie machte ein paar Schrittchen, hüpfte auf die Bahn, breitete die Arme aus und glitt sicher über den festen Schnee. Man konnte ihr deutlich ansehen, welche Freude es ihr machte. Als sie wieder einmal rutschte, schwankte sie, verlor das Gleichgewicht; die Füße sausten ihr davon. Plumps! Da saß sie schon im Schnee. Laut lachend blieb sie sitzen und erhob sich erst, als Friedrich sie hochziehen wollte. Auch Friedrich durfte schlittern. Aber er konnte es nicht so gut wie seine Mutter. Nach dem Anlauf setzte er die Füße nebeneinander statt hintereinander. Mit den Armen ruderte er in der Luft. Aber bevor er stürzte, fing seine Mutter ihn jedes Mal auf.

»Mutter«, bettelte ich, »Schneiders schlittern. Komm doch!«

Mutter antwortete unwillig: »Ich spüle zu Ende, bevor wir gehen. Die Schlitterbahn schmilzt nicht so rasch.«

Friedrich formte kleine Bälle aus dem sauberen Schnee. Er quetschte sie, so fest er konnte. Die fertigen Bälle stapelte er vor unserem Gartentörchen.

Auch Frau Schneider machte Schneebälle. Sie trug ihren Stapel auf dem gegenüberliegenden Gehsteig zusammen. Weil sie schneller arbeitete als Friedrich, half sie ihm.

Dann begannen die beiden eine Schneeballschlacht. Friedrich stand auf unserer Straßenseite; weil er nicht so weit werfen konnte, stellte seine Mutter sich mitten auf die Fahrbahn. Die Schneebälle flogen hin und her. Friedrich traf zuerst. Als seine Mutter sich nach neuen Geschossen bückte, zersprang Friedrichs Ball auf ihrem Rücken. Gleich darauf verriet aber auch ein weißer Fleck auf Friedrichs Bauch, wo der Schneeball seiner Mutter zerplatzt war. Friedrich und seine Mutter bekamen rote Gesichter vom Aufheben, vom Fortspringen, vom Werfen. Sie waren froh und ausgelassen.

»Mutter«, sagte ich betrübt, »sie machen eine Schneeballschlacht. Ich möchte so gern dabei sein.«

Mutter tröstete: »Gleich bin ich fertig, mein Junge, dann gehen wir endlich.«

Friedrichs Mutter suchte eine Stelle, wo der Schnee hoch lag. Und wieder knetete sie einen Schneeball. Aber diesmal bettete sie ihn wieder in den Schnee zurück. Mit der Hand rollte sie ihn vorsichtig weiter, immer weiter durch den sauberen Schnee. Der kleine Ball wurde rasch dicker. Zwischendurch unterbrach Frau Schneider das Wälzen und klopfte den angepappten Schnee fest.

Anfangs stand Friedrich neben seiner Mutter. Er schaute neugierig zu. Dann plötzlich lief er davon. Auch er suchte einen Fleck mit frischem, unbetretenem Schnee. Dann begann er genau wie seine Mutter einen kleinen Ball zum großen Schneeklumpen zu wälzen.

Frau Schneider war als Erste fertig. Sie hatte den dicksten Ball. Mit aller Kraft rammte sie ihn vor unserem Haus auf dem Gehsteig fest. Um ihn oben abzuplatten, sctzte sie sich sogar darauf. Dann nahm sie Friedrichs Ball. Sie hob ihn auf den ihren. Die Fugen zwischen beiden Bällen verkleisterte sie mit Schnee und tätschelte alles schön glatt und rund.

»Mutter«, schrie ich, »sie bauen einen Schneemann!«

Mutter beruhigte mich. »Ja, ja, ich komme schon!« Sie brachte meine dicken Winterschuhe und den Mantel. Während sie mir beim Anziehen half, schaute sie mit mir zum Fenster hinaus.

Frau Schneider und Friedrich rollten nun zwei Schneesäulen, die Arme für ihren Schneemann. Die fertigen Arme reichte Friedrich seiner Mutter; Frau Schneider klebte sie an den Brustkasten des Schneemanns. Das schien nicht leicht, denn die Arme wollten immer wieder abbrechen.

»Siehst du, es schneit noch immer«, sagte meine Mutter. Sie knotete mir meinen Wollschal um den Hals, kräftig zog sie mir die Pudelmütze über die Ohren. Zum ersten Mal durfte ich die neuen Fausthandschuhe mitnehmen, die Mutter mir gestrickt hatte. Mutter betrachtete mich von oben bis unten. »So«, nickte sie, »nun mache ich mich noch fertig, und dann? – Hinein in den Schnee!«

Während Friedrich eine Kugel für den Kopf des Schneemanns wälzte, kramte Frau Schneider in unserer Mülltonne. Sie fand einige Schlackenstücke, Kartoffelschalen und eine zerbrochene Bierflasche. Friedrich kullerte ihr den Kugelkopf vor die Füße. Sie raffte den großen Ball hoch und setzte ihn dem Schneemann als Kopf auf. Den Flaschenhals bohrte sie dem Schneemann wie eine Nase ins Gesicht, die Schlackenstücke drückte sie als Augen an; und aus den Kartoffelschalen formte sie Ohren, ulkige, braune Ohren.

Meine Mutter trat ausgehbereit hinter mich. »Ich bin fertig; wir können gehen.« Sie blickte auf die Straße. »Ein schöner Schneemann!«, meinte sie. »Ihm fehlt nur noch der Hut.«

Auch Frau Schneider war anscheinend noch nicht mit ihrem Schneemann zufrieden. Sie musterte ihn rundum. Dann schüttelte sie den Kopf, fingerte die Schlüssel aus der Tasche und kam ins Haus.

Friedrich besserte hier und dort am Schneemann, strich eine Seite glatt und stützte den rechten Arm. Dann schaute er zur Haustür. Langsam schlenderte er seiner Mutter entgegen.

Im Vorgarten sah er den Schneehügel zur Seite des Plattenwegs. Er stieg hinauf, sank ein und stampfte lächelnd durch den hohen Schnee zum Haus her.

Da hörten wir, wie unten ein Fenster aufgerissen wurde. Herr Resch brüllte, brüllte mit aller Kraft: »Willst du wohl meine Rosen in Frieden lassen, du Judenbengel, du!«

Meine Mutter wich einen Schritt zurück. »Komm«, sagte sie, »komm weg vom Fenster!«

Großvater

Mein Großvater, Mutters Vater, war Eisenbahner. Er reiste viel. Manchmal, wenn er durch unsere Stadt kam und die Fahrt unterbrechen konnte, besuchte er uns. Aber jedes Mal meldete er sich vorher durch eine Postkarte an.

Sobald Großvater seinen Besuch ankündigte, begann Mutter aufgeregt die Wohnung in Ordnung zu bringen. Sie putzte Staub, wo längst keiner mehr lag, und nahm das letzte Geld, um für Großvater Bohnenkaffee zu kaufen.

Mir schrubbte sie die Hände mit einer Wurzelbürste, bis sie mir so wehtaten, dass ich nichts mehr damit anfassen konnte. Die Scheitelhaare klebte sie mir mit Leitungswasser an, weil sie sonst wirr durcheinander standen.

So erwartete ich im Sonntagsanzug Großvater zur angegebenen Zeit hinter der Flurtür. Es klingelte, ich riss die Tür auf. Mit einer tiefen Verbeugung begrüßte ich ihn: »Guten Tag, lieber Großvater! Herzlich willkommen bei uns!«

Wortlos schritt Großvater an mir vorüber. Rasch ging er durch die Wohnung und schaute in alle Zimmer. Erst im Wohnzimmer machte er Halt.

Wir durften ihm die Hand reichen. Von mir ließ er sich die Hände zeigen. Sie waren sauber. Dann musste ich mich umdrehen und nacheinander beide Füße heben. Großvater wollte wissen, ob der Steg zwischen

Sohle und Absatz bei meinen Schuhen mit Schuhkrem geputzt war. Wir kannten diese Schrulle; deshalb fand er nichts zu beanstanden.

Danach nahm Großvater seinen, immer den gleichen Platz am Wohnzimmertisch ein. Er saß hoch aufgerichtet. Vater setzte sich ihm gegenüber; Mutter blieb hinter Großvaters Stuhl stehen, um keinen seiner Wünsche zu überhören.

Ich hockte schweigend in der Ecke, die rot gescheuerten Hände auf den sauber gewaschenen Knien. Sobald ich mich bewegte, traf mich Mutters Blick; sie legte den Finger auf die Lippen, um mich ans Schweigen zu erinnern.

Großvater redete wie immer auf Vater ein; er warf ihm vor, sich nicht genügend um Arbeit zu bemühen. Und Vater hörte sich das mit demütig gesenktem Kopf an, denn er wusste, wie das Gespräch endete. Es verlief immer in der gleichen Weise. Am Schluss sagte Großvater regelmäßig: »Wärst du zur Bahn gegangen, wie ich, dann hättest du deine Familie nicht in solche Not gebracht!«

Vater nickte ergeben.

»Aber der Junge«, fügte Großvater hinzu, »der kommt zur Bahn. Dafür sorge ich. Der Junge soll eine sichere Zukunft und Anspruch auf eine Altersversorgung haben!«

Vater stimmte Großvater zu, er stimmte ihm in allem zu, denn Großvater unterstützte uns. Solange wir nichts als Vaters Arbeitslosenunterstützung hatten, schickte Großvater uns jeden Monat Geld. Der Betrag floss in die Haushaltskasse. Ohne diesen Zuschuss hätten wir noch öfter gehungert. Deswegen gab Vater meinem Großvater immer Recht.

Plötzlich bumste es oben, dass die Lampe wackelte.

»Das war Friedrich!«, sagte ich vorlaut.

Großvater blickte mich streng an. Dann fragte er Vater: »Wer ist Friedrich?«

Bereitwillig erklärte Vater: »Über uns wohnt eine jüdische Familie, Schneiders. Der Junge heißt Friedrich. Die beiden sind gleich alt, sie sind befreundet.«

Großvater hüstelte. »Eine jüdische Familie?«

»Ja«, sagte Vater, »nette Leute!«

Großvater schwieg eine Weile, indem er die Lippen fest zusammenpresste. Dann begann er: »Ich hatte einmal einen Vorgesetzten, Geheimrat Cohn; das war ein Jude. Niemand bei uns mochte ihn. Er lächelte immer, sogar wenn er uns zurechtwies. Wer einen Fehler machte, den bat der Geheimrat katzenfreundlich in sein Arbeitszimmer. Dort erläuterte er alles, was man falsch gemacht hatte, wie bei einem kleinen Schulbuben. Und immer besonders freundlich. Einmal im Sommer habe ich gesehen, dass er unter seinem Hemd einen viereckigen Lappen auf Brust und Rücken trug, ein Gebetstuch mit Fransen. Nicht einmal im Zimmer setzte er den Hut ab. Ich mag mich gar nicht gern an den Geheimrat Cohn erinnern.«

Weder Vater noch Mutter äußerten sich zu Großvaters Erzählung.

Großvater blickte uns an. Dann sagte er: »Wir sind Christen. Bedenkt, die Juden haben unsern Herrn ans Kreuz geschlagen.«

Da warf Vater dazwischen: »Aber doch nicht Schneiders!« Mutters Gesicht verfärbte sich.

Großvater erhob sich von seinem Stuhl. Mit den Fingerknöcheln stützte er sich auf die Tischplatte. So scharf, dass es zischte, befahl er: »Ich wünsche nicht, dass der Junge mit diesem Judenbuben verkehrt!« Ebenso plötzlich, wie er aufgestanden war, setzte er sich wieder hin.

Vater und Mutter blickten erschreckt. Es war still, furchtbar still im Wohnzimmer.

In diese Stille hinein klingelte es.

Mutter lief zur Tür.

Draußen hörte ich Friedrichs Stimme: ». . . darf er bitte zu uns heraufkommen?«

Mutter flüsterte: ». . . geht nicht . . . Großvater ist da.«

Sie schloss die Tür und kehrte in das Wohnzimmer zurück.

»Wer war das?«, fragte der Großvater herrisch.

»Ein Kind aus der Nachbarschaft«, antwortete Mutter. »Möchtest du noch eine Tasse Kaffee?«

Freitagabend

Meine Mutter wusch für fremde Leute. Aber niemand durfte das wissen, weil sie sich schämte. Vater war auf Stellungssuche und ich spielte mit Friedrich in Schneiders Wohnung.

»Was ist das für ein Röhrchen, das ihr dort oben am Türpfosten hängen habt?«, fragte ich Friedrich.

Frau Schneider kam zu uns ins Zimmer. Sie antwortete für Friedrich. »Das ist unsere Mesusah«, sagte sie, »unser Haussegen. Er soll uns helfen nie Gott und seine Gebote zu vergessen.«

Sie nahm mich bei der Hand. Als wir das Zimmer verließen, tastete sie mit der Rechten nach der Mesusah und küsste die Finger, mit denen sie das Röhrchen berührt hatte.

»Schau ein wenig auf die Straße«, bat sie mich, »Friedrich muss sich noch umziehen; gleich kommt sein Vater.«

Bevor sie hinausging, füllte sie mit dem Kohlenschütter den Ofen. Sie machte ihn ganz voll und regelte ihn dann so ein, dass er nur schwach brennen konnte.

Ich stand allein im Wohnzimmer. Meine Mutter würde erst am nächsten Tag mit dem Reinemachen beginnen, Friedrichs Mutter war schon fertig. Die Tischplatte glänzte; kein Stäubchen lag auf den Möbeln; die Scheiben in den Schränken blitzten.

Während ich noch alles bestaunte, trat Friedrich

schon ein. Er hatte ein weißes Hemd an und trug seinen besten Anzug. Frau Schneider rückte uns zwei Stühle ans Fenster, schweigend guckten wir hinaus.

Draußen dämmerte es. Polykarps Zipfelmütze ließ sich kaum noch vom Gras unterscheiden. In einzelnen Wohnungen brannte schon Licht. Rasch hintereinander flammten die Gaslaternen auf. Nur wenige Menschen gingen über die Straße. Es war so still.

Auch Schneiders Wohnzimmer schien mir feierlich ruhig. Frau Schneider breitete eine weiße Decke über den Tisch, so weiß, dass sie im schummerigen Zimmer strahlte. Aus dem Schrank nahm sie zwei Leuchter mit neuen Wachskerzen. Sie stellte die Leuchter auf den Tisch. Aus der Küche holte sie zwei kleine selbst gebackene Brote. Diese beiden Brote legte sie ebenfalls auf den Tisch zwischen die Leuchter und den Platz von Herrn Schneider.

Ich blickte schon lange nicht mehr zum Fenster hinaus, sondern sah Frau Schneider bei ihren Vorbereitungen zu.

»Was ist los bei euch?«, fragte ich Friedrich flüsternd.

»Sabbat!«, antwortete Friedrich ebenso leise.

Nur noch ein schmaler blutroter Streifen über einem Hausdach am Ende der Straße verriet, wo die Sonne versank. Er tauchte alles in Rot.

Frau Schneider zog ihre Kittelschürze aus. Sie nahm einen großen silbernen Becher aus dem Schrank und stellte ihn an Herrn Schneiders Platz. Daneben legte sie ein Gebetbuch. Dann entzündete sie die beiden

Kerzen. Dabei kehrte sie sich der Wand zu, die vom Abendrot übergossen war, und sprach etwas murmelnd vor sich hin.

Während Frau Schneider betete, hörten wir, wie Herr Schneider die Wohnungstür aufschloss.

Kurz darauf betrat er im dunklen Anzug, den Kopf mit einem winzigen bestickten Käppchen bedeckt, das Wohnzimmer.

Friedrich ging seinem Vater entgegen. Herr Schneider legte ihm eine Hand auf den Scheitel und sagte: »Möge dich Gott wie Efraim und Manasse werden lassen. Der Herr segne dich und behüte dich; der Herr lasse dir sein Angesicht leuchten und sei dir gnädig; der Herr wende dir sein Angesicht zu und verleihe dir Frieden.«

Dann schlug er das bereitliegende Buch auf und las seiner Frau etwas in hebräischer Sprache vor.

Schweigend, mit geneigtem Kopf lauschte Frau Schneider dem Lesenden.

Ich starrte noch immer verwundert in die Kerzenflammen und wusste mit all dem, was ich erlebte, nichts anzufangen. Herr Schneider nahm den Becher vom Tisch und goss ihn voll Wein. Mit beiden Händen hielt er ihn und betete.

Dann tranken wir alle einen Schluck daraus, zuerst Herr Schneider, dann Frau Schneider, danach Friedrich, zuletzt ich.

Herr Schneider verließ das Zimmer, um seine Hände zu waschen.

Als er zurückkehrte, sprach er über dem selbst gebackenen Brot: »Gelobt seist du, Herr unser Gott, König der Welt, der das Brot aus der Erde hervorbringt.«

Er schnitt ein Brot auf und reichte jedem von uns ein Stückchen. Wir verzehrten es schweigend.

Unten in unserer Wohnung zapfte jemand Wasser aus der Leitung. »Deine Mutter ist heimgekommen«, sagte Frau Schneider leise, »wenn du möchtest, kannst du ihr ein paar Birnen mitnehmen. Die werden uns sonst zu weich. Das Spankörbchen steht im Flur.«

Ich verabschiedete und bedankte mich und stieg mit den Birnen hinab zu Mutter.

Im Einschlafen hörte ich noch, wie Schneiders leise und traurig miteinander sangen.

Schulanfang

Friedrich und ich durften in der Bank nebeneinander sitzen. Unser Lehrer erzählte uns eine Geschichte. Danach sangen wir gemeinsam ›Hänschen klein . . .‹ und damit war unser erster Unterricht zu Ende.

Vor dem Schultor warteten unsere Eltern. Vater war ohnehin arbeitslos und Herr Schneider hatte sich für den ersten Schultag freigenommen.

Friedrich und ich bekamen eine große spitze Schultüte; Friedrich eine rote, ich eine blaue. Meine blaue Tüte war ein wenig kleiner als Friedrichs rote.

Friedrich öffnete seine Tüte sofort. Er bot mir von seinen Süßigkeiten an und zerbrach eine Tafel Schokolade, um allen davon abzugeben.

Als ich die Schleife an meiner Tüte aufziehen wollte, schüttelte Mutter den Kopf. Sie nahm mich beiseite und sagte, ich solle bis zu Hause warten. Ich verstand das nicht – aber ich gehorchte.

Bei der nächsten Straßenecke fragte Herr Schneider laut: »Und wohin gehen wir nun?« Dabei schaute er sich lächelnd um.

Vater blickte erschreckt zur Mutter hin.

Friedrich beantwortete die Frage. Jubelnd rief er: »Auf den Rummelplatz!«

Wieder sah Vater Mutter an; diesmal hatte er ängstliche Augen.

Mutter sagte zu Herrn Schneider: »Schade, wirklich schade, dass wir nicht mitkommen können. Aber ich habe zu Hause noch so viel Arbeit liegen und auch das Mittagessen habe ich noch nicht vorbereitet.«

Ich flehte: »Mutter, ich möchte aber so gerne auf den Rummelplatz!«

Vater legte mir die Hand auf den Kopf: »Wir können nicht, Junge. Denk an Mutter.«

Herr Schneider jedoch fasste meine Mutter am Arm; Frau Schneider hängte sich bei Vater ein.

»Heute gelten keine Ausreden!«, erklärte Herr Schneider. »Am ersten Schultag gehen wir zum Rummelplatz!«

Vater und Mutter sahen bedrückt aus. Doch sie kamen mit.

Friedrich steckte mir drei Stückchen Schokolade auf einmal in den Mund, dann hakten auch wir beide uns ein und liefen mit unseren Tüten den Eltern voraus.

Auf dem Rummelplatz führten die Väter uns an der Hand. Mein Vater drängte unauffällig zur Mutter hin: »Du musst mir fünf Mark leihen!«, flüsterte er ihr ins Ohr.

»Ich habe kein Geld bei mir«, tuschelte Mutter zurück, »nur zwei Mark vom Haushaltsgeld.«

Vater stöhnte. Dann sagte er: »Gib sie her! Ich habe noch siebzig Pfennige in der Tasche.«

Mutter nestelte an ihrer Tasche herum, als ob sie nach dem Taschentuch suche. Heimlich aber drückte sie Vater die zwei Mark in die Hand.

Vater blickte unglücklich drein. Ich bereute schon, dass ich nach dem Rummelplatz verlangt hatte. Familie Schneider marschierte voraus; wir trotteten lustlos hinterher.

Beim Pferdekarussell blieben wir stehen. Wir schauten zu, wie es sich drehte. Doch plötzlich drückte Friedrich mir eine Fahrkarte in die Hand. Als das Karussell hielt, gaben wir die Tüten den Müttern und kletterten auf die Pferde. Meines hieß Bella, auf der Satteldecke von Friedrichs Pferd stand Fuchs. Es war wunderschön, immer rundherum zu reiten; wir winkten, wir hoppelten, wir riefen; wir trieben unsere Pferde an, bis das Karussell hielt.

Herr Schneider brachte uns neue Karten und wir durften ein zweites Mal reiten.

Als das Karussell auslief, stiegen Herr Schneider mit seiner Frau, Vater und Mutter ebenfalls zu. Sie setzten sich auf die Pferde hinter den unseren und fuhren mit.

Nach der Karussellfahrt kaufte Frau Schneider für jeden ein Stäbchen mit einem riesigen Ball Zuckerwatte.

Während wir die Zuckerwatte aßen, rechnete Vater vor jeder Bude mit verzweifeltem Gesicht, ob sein Geld reichte, um allen etwas anzulegen. »Was soll ich machen?«, fragte er Mutter flüsternd.

Mutter zuckte hoffnungslos mit den Schultern.

Herr Schneider spendierte jedem eine lange Bockwurst mit Senf und Brötchen.

Vater in seiner Not konnte sie kaum hinunterbringen.

Ich wusste, dass Mutter Kirmesbockwürste besonders gern aß, aber ich sah, dass ihr diese Bockwurst nicht schmeckte, weil sie sich Sorgen machte.

Auf einmal war Vater verschwunden. Als er wieder auftauchte, brachte er sechs Lakritzstangen mit.

Frau Schneider freute sich über die Stange Lakritze, als ob sie noch nie etwas Schöneres geschenkt bekommen hätte. Bald lutschten alle, auch unsere Eltern, an ihrer Stange.

Vater atmete erleichtert auf.

Wir Kinder durften auch noch Feuerwehrkarussell fahren. Dann schauten wir zu, wie die Eltern, Herr

Schneider mit meiner Mutter, mein Vater mit Frau Schneider, Schiffchen schaukelten.

Friedrich gähnte und auch ich war müde.

»Für heute genug!«, sagte Herr Schneider und schwenkte zum Ausgang hin.

Da, am Ende des Rummelplatzes traf Vater schließlich die richtige Bude.

»Erinnerungsaufnahmen, Postkarte 1 Mark, zwei Postkarten 1,50 Mark« stand angeschlagen.

Vater steuerte sofort auf den Budenbesitzer zu. »Machen Sie ein Bild von uns!«, forderte er ihn erleichtert auf. »Wir nehmen zwei Postkarten.«

Der Budenbesitzer verbeugte sich. »Bitte schön, die Herrschaften«, nuschelte er, »treten Sie bitte näher!«

Auf die Rückwand im Innern der Bude war eine Gebirgslandschaft gemalt. Davor stand ein geschecktes Holzpferd.

»Nehmen Sie bitte Platz!«, sagte der Mann, dem die Bude gehörte.

»Wo?«, fragte Vater.

»Auf dem Pferd«, sagte der Mann.

»Aber da gehen doch höchstens zwei drauf!«, meinte Vater.

»Augenblick!«, sagte der Mann. Er fasste das Pferd beim Schwanz, als wolle er ihn ausreißen. Den Schwanz legte er sich über die Schulter und zog kräftig daran.

Da – da streckte sich das Holzpferd, wurde länger und länger, so lang, dass zehn Erwachsene bequem darauf Platz gefunden hätten.

Als Herr Schneider das sah, musste er so lachen, wie ich ihn noch nie hatte lachen hören.

Mein Vater bestieg stolz das ewiglange Pferd. Der Budenbesitzer trug ein Fußbänkchen herbei und half den Frauen hinauf. Zuletzt hob er uns Kinder auf den Rücken des Schecken.

Als Herr Schneider hinaufkletterte, wäre er beinahe an der anderen Seite wieder hinabgepurzelt, weil er so lachte.

Schließlich hockten wir alle miteinander auf dem hölzernen Ross. Unsere Mütter hielten uns fest, sonst wären wir Kinder mit unseren Tüten sicher vor Müdigkeit hinabgerutscht. Nur Vater stemmte eine Hand in die Hüfte. Stolz ritt er in der Mitte, hoch aufgerichtet. Und Herr Schneider lachte; er lachte so sehr über das ausziehbare Pferd, dass er alle ansteckte. Sogar Vater lächelte, wenn auch nur wenig, um von seiner Reiterwürde nichts zu vergeben.

Der Budenbesitzer verschwand hinter dem schwarzen Tuch seiner Kamera. Nur seine Hände wedelten daraus hervor. Dazu gab er Anweisungen, die keiner verstand. Endlich wechselte er die Mattscheibe gegen die Platte aus, stellte sich neben die Kamera, brummte »Achtung!«, und drückte auf den roten Gummiball.

Regungslos verkniffen wir uns das Lachen und starrten in die Kamera, bis der Mann »Danke!« sagte.

Während er mit der Platte in seiner Dunkelkammer verschwand, hüpften wir vom Pferd. Herr Schneider begann sogleich das Pferd am Schwanz zu ziehen. Und siehe! Es streckte sich noch mehr. Herr Schneider verlängerte das Pferd bis an die Seitenwände der Bude. Als wir dann das Tier in seiner ganzen Länge vor der Gebirgslandschaft anschauten, musste sogar Vater laut lachen.

Dann brachte uns der Budenbesitzer die beiden Postkarten. Vater bezahlte ihn großzügig aus der Jackentasche. Eine Karte überreichte er mit Verbeugung Frau Schneider.

Auf dem Bild saß ich zuvorderst. Das Holzpferd trug meine Schultüte zwischen den Ohren. Hinter mir ritt Mutter. Sie machte ein Gesicht, als ob sie einen Frosch im Mund hielte, der nicht heraushüpfen dürfe. Vater thronte in der Mitte. Jeder, der das Bild betrachtete, musste annehmen, das Pferd gehöre meinem Vater. Friedrich hielt sich an Vaters Jacke fest. Seine Schultüte überragte alle Bergesgipfel und half anscheinend die Wolken stützen. Die kleine Frau Schneider hatte Friedrich beim Kragen gefasst. Sie sah nett aus. Herr Schneider umarmte sie scherzend von hinten.

Auf dem Heimweg lachten alle immer wieder über die Erinnerungsbilder. Nur Vater schämte sich, weil er sich auf dem hölzernen Pferd so ernst benommen hatte.

Als wir zu Hause ankamen, stolperte ich vor Müdigkeit in den Flur hinein. Rasch warf ich den neuen Ranzen in die Ecke und knüpfte die Schleife an meiner Tüte auf. Sie enthielt nichts als einen Beutel verzuckerter Zwiebäcke und viel, sehr viel zusammengeknülltes Zeitungspapier.

Mutter strich mir übers Haar. »Du weißt doch, Junge«, sagte sie, »wir sind arm.«

Vater wusch sich die Hände und fragte: »Was gibt es heute Mittag zu essen?«

Mutter seufzte. »Postkarten!«, antwortete sie. »Das Haushaltsgeld haben wir auf dem Rummelplatz ausgegeben.«

Schulweg

Es war Samstag, der 1. April 1933. Wir kamen aus der Schule. »Du«, sagte Friedrich, »meine Mutter hat mich gestern Nachmittag zum Arzt geschleppt; der sollte mir die Ohren ausspritzen. Hat er aber nicht getan!«

»Warum nicht?«, fragte ich.

Friedrich lachte: »Er hat gesagt, das wäre noch nicht nötig. Zunächst müsste ich mal ein Kräftigungsmittel nehmen. Er hat mir eines verschrieben, das schmeckt ganz süß. Wenn ich davon drei Löffel getrunken hätte, dann wäre ich so kräftig geworden, dass ich mir auch so das Zeug aus den Ohren holen ließe.«

Ich schaute Friedrich neugierig an: »Und?«

Friedrich hob die Schultern: »Ich habe fünf Löffel geschluckt, weil es so lecker war.«

36

Da Friedrich mir noch immer nicht die richtige Antwort gegeben hatte, fragte ich wieder: »Und die Ohren?«

Friedrich schürzte die Unterlippe. Dann sagte er: »Mutter hat meine Ohren gestern Abend sauber gemacht.«

Ich war noch nicht zufrieden: »Hast du geschrien?«

Friedrich schlug die Augen nieder. »Nur ein bisschen!«

Schweigend gingen wir nebeneinander her. Es war ein Samstag, wie alle Samstage sind: Der Verkehr floss ruhig; Frauen machten Einkäufe für den Sonntag; wir hatten wenig Schulaufgaben.

»Zu welchem Arzt geht ihr?«, fragte ich Friedrich.

»Gleich kommen wir an dem Haus vorbei«, antwortete er. Mit dem Finger zeigte er auf ein mehrstöckiges Wohnhaus. »Dort«, sagte er, »das ist sein Schild!«

Neben der Haustür hing ein weißes Arztschild. Mit schwarzer geschwungener Schrift stand darauf: »Dr. Jakob Askenase, Facharzt für Kinderkrankheiten, alle Krankenkassen zugelassen, Sprechstunden täglich von 9–12 und von 15–17 Uhr außer Samstag.« Quer über das Ganze hatte jemand mit roter Farbe das Wort »Jude« geschmiert.

Friedrich schüttelte den Kopf. »Wer hat denn das getan?« Er fühlte mit dem Finger an der Farbe. »Ist noch ganz frisch!«

Friedrich schaute sich um. »Komm mit!«, forderte er mich auf. Er trat an die Haustür und drückte den Klingelknopf neben dem Schildchen »Dr. Askenase«.

Wir warteten.

»Heute ist keine Sprechstunde«, sagte ich, »vielleicht ist er nicht zu Hause.«

Wir wollten schon fortgehen, als es summte. Friedrich warf sich mit dem Rücken gegen die Tür, bis sie sich öffnete. Nur wenige Stufen stiegen wir hoch, dann standen wir vor der Tür mit dem Arztschild.

Ein älterer Mann im dunklen Anzug erschien. Auf seinem Hinterkopf lag ein Gebetskäppchen. Als er Friedrich sah, lächelte er und fragte: »Na, Friedrich, wachsen schon Blumen aus deinen Ohren?«

Friedrich wurde rot. Leise, fast unhörbar, verneinte er: »Meine Mutter hat mir gestern die Ohren geputzt.«

Der Arzt nickte: »Siehst du, ich wusste doch, dass eine so gute Medizin dich vernünftig macht. Oder schmeckt sie nicht?«

»Doch, doch«, bestätigte Friedrich rasch und leckte sich dabei über die Lippen. »Das ist mein Freund«, fügte Friedrich noch hinzu, »dem müssen Sie auch einmal von den guten Tropfen verschreiben.«

Dr. Askenase gab mir die Hand. »Dann musst du einmal mit deiner Mutter zu mir kommen!«, sagte er zu mir. Weiter aber fragte er: »Deswegen seid ihr doch nicht gekommen? Du weißt doch, Friedrich, ich habe heute keine Sprechstunde.«

Friedrich schien verwirrt. »Wir wollten Ihnen Bescheid sagen . . .«, begann er, aber er beendete den Satz nicht.

»Unten hat jemand ›Jude‹ auf Ihr Schild geschmiert«, fuhr ich fort.

»Ich weiß!«, sagte der Arzt. »Ich habe es gelesen. Macht euch keine Sorgen, morgen werde ich es entfernen.«

Dr. Askenase war ernst geworden. Er gab uns die Hand. »Ich danke euch, dass ihr zu mir gekommen seid. Und nun geht schnell nach Hause.« Er nickte noch einmal, aber ohne zu lächeln. Dann schloss er die Tür.

Als wir aus dem Haus traten, sahen wir an der nächsten Ecke Menschen zusammenlaufen.

»Ein Unfall!«, meinte Friedrich.

Wir schnallten unsere Ranzen vom Rücken und nahmen sie unter den Arm.

Ich sprang voraus. An der Ecke war ein kleines Schreibwarengeschäft. Wenn man in den Laden wollte, musste man einige Stufen hinabsteigen. Außer Tinte, Zeichenblocks und Buntpapier gab es dort auch Süßigkeiten, Schokoladenrippen für fünf Pfennige oder Süßholzstangen zu zwei Pfennigen. Der Laden gehörte einem kleinen alten Mann mit Spitzbart. Wir kauften bei ihm unsere Schreibhefte. Der Alte war immer freundlich. Beim Bezahlen ließ er uns oft einen Pfennig vom Preis nach und schenkte uns außerdem noch zwei Stück Negergeld.

Wir hatten uns oft über den Alten und seine Geißenstimme lustig gemacht. Meckernd waren wir das Treppchen hinunter in seinen Laden gestiegen. Aber der kleine Mann hatte das nie übel genommen. Manchmal war es uns vorgekommen, als ob er besonders stark meckerte, um uns eine Freude zu machen.

Genau vor seinem Geschäft versammelten sich die Menschen. Sie standen so dicht, dass man nicht erkennen konnte, was dort vorging. Einzelne lachten und spotteten, andere machten ernste Gesichter.

Wir drängten uns durch die Menge bis in die vorderste Reihe, um mehr zu sehen. Man ließ uns ungehindert durch; eine junge Frau schob mich sogar noch nach vorn.

Unter dem Schild »Abraham Rosenthal, Schreibwaren« versperrte mit gespreizten Beinen ein Mann in grauer Stiefelhose den Eingang. Seine Wickelgamaschen waren unordentlich um die Waden geschlungen. Über dem linken Ärmel seines gelben Hemdes trug er eine Hakenkreuzbinde; in der rechten Hand hielt er einen Besenstiel, einen einfachen Besenstiel. An dem Besenstiel hing ein Pappschild und auf dem Pappschild stand in ungefügen Buchstaben gemalt: »Kauft nicht beim Juden!«

Eine ältere Frau mit geflickter Einkaufstasche trat dicht vor das Schild. Sie zog eine Brille aus dem Mantel, bei der ein Bügel fehlte. Indes sie die Brille vor die Augen drückte, versuchte sie zu lesen.

Der Schildhalter tat, als bemerke er nichts. Unbeteiligt starrte er an der Frau vorbei über die Neugierigen hinweg. Die Frau steckte ihre Brille wieder in die Manteltasche. Suchend trippelte sie vor dem Mann mit der Armbinde hin und her, schließlich blieb sie vor ihm stehen und sagte leise: »Lassen Sie mich bitte vorbei!«

Ohne sich zu regen und ohne die Frau anzublicken leierte der Posten: »Kauft nicht beim Juden!«

»Ich möchte aber!«, beharrte die alte Frau; und als der Wächter nicht wich, zwängte sie sich zwischen ihm und der Hauswand durch und huschte die Treppe hinunter in das Geschäft.

Die Umstehenden grinsten. In den hinteren Reihen lachten sogar einige laut.

Der Mann mit dem Schild verzog keine Miene; nur die linke Hand, deren Daumen hinter der Schnalle zum Bauchriemen steckte, ballte sich zur Faust.

Kurz darauf ächzte die alte Frau das Treppchen wieder herauf. Aus ihrer Einkaufstasche ragte eine Rolle blaues Umschlagpapier für Schulbücher. Die Frau schob sich lächelnd mit der Schulter voran hinter dem Rücken des Postens aus dem Eingang.

Kopfnickend sagte sie zu dem Mann in Stiefelhose: »Danke schön, junger Mann.« Aufrecht schritt sie mit ihrer Rolle Umschlagpapier an den Zuschauern vorbei. Sie hielt die Tasche so, dass jeder sehen konnte, was sie eingekauft hatte. Kurzsichtig lächelte sie alle an und ging davon.

Hinter der alten Frau war Abraham Rosenthal in die Tür seines Kellerladens getreten. Mit ernstem Gesicht guckte er von unten zwischen den Wickelgamaschen durch auf die Leute vor seinem Geschäft. Auch uns schaute er an.

Friedrich grüßte das Männchen mit dem Spitzbart höflich. Er tat es so auffällig, dass alle Umstehenden es bemerken mussten.

Ich nickte nur.

41

Das Männchen im Keller antwortete mit einer stillen Verbeugung.

Mit zusammengebissenen Zähnen schnauzte der Schildhalter uns an: »Macht, dass ihr fortkommt!«

Friedrich musterte ihn von unten bis oben und sagte: »Solange Sie hier stehen, dürfen wir es auch!«

Der Mann mit dem Pappschild schob den Unterkiefer vor; er atmete tief; seine Linke löste sich vom Riemen; er rückte einen Fußbreit vor. Drohend fragte er: »Willst du frech werden, Rotznase?«

Einige Zuschauer gingen weiter. Die übrigen wichen einen Schritt zurück. Es war plötzlich ganz still; niemand redete, niemand lachte.

Wir standen allein. Der Mann atmete schwer. Das Pappschild zitterte.

Ich sah, wie sich eine Hand auf Friedrichs Schulter legte. Gleichzeitig spürte ich, wie jemand meine eigene Schulter berührte.

Wir drehten uns um.

Hinter uns stand Friedrichs Vater. Er sagte: »Kommt!«

Dann führte er uns nach Hause.

Die Schlaufe

Rasch lief ich die Treppe hinab. Unten bei der Haustür drückte ich auf Schneiders Klingel. Dreimal kurz, einmal lang – das war unser Zeichen. Dann schlenderte ich langsam durch den Vorgarten, an Polykarp vorbei auf die Straße und bis zur Ecke.

Gleich darauf kam Friedrich an. »Danke schön!«, sagte er noch atemlos. »Danke schön, dass du mich abgeholt hast.«

Wir gingen nebeneinander in Richtung auf die Grünanlagen zu. Es war noch früh, wir brauchten nicht zu eilen.

»Ich freue mich so!«, begann Friedrich wieder. »Ich freue mich so! – Aber meinem Vater darfst du es nicht verraten. Er mag nicht, dass ich dorthin gehe. Weißt du, ich habe gesehen, wie ihr mit eurer Fahne durch die Stadt marschiert seid und gesungen habt. Das finde ich so schön. Ich möchte auch gern mitmachen. – Aber Vater erlaubt es nicht! – Ich warte noch etwas, vielleicht ändert er nächstens seine Meinung.«

Wir durchquerten den Park. Hinter den Bäumen konnten wir die braunen Ziegeldächer der alten Festung erkennen. »Was habt ihr heute vor?«, fragte Friedrich. »Macht ihr wieder Geländespiele?«

Ich schüttelte den Kopf. »Nein! Mittwochs haben wir Heimabend. Neue dürfen wir nur zum Heimabend mitbringen. Aber du sagst zuerst besser nichts davon, dass ihr Juden seid.«

Friedrich legte mir den Arm um die Schultern und flüsterte vor sich hin: »Ich freue mich so.«

»Unser Fähnleinführer ist ein feiner Kerl«, erzählte ich, »er gehört schon lange dazu. Im Heim an der Wand kannst du sein Halstuch hängen sehen; es hat in der Mitte einen Schnitt. Bei einem Überfall hat er es getragen. Ein Kommunist wollte ihn erstechen; aber er hat Glück gehabt, das Messer ist nur durch das Halstuch gegangen; unser Fähnleinführer blieb unverletzt.«

Plötzlich kramte Friedrich in seiner Hosentasche. »Beinahe hätte ich es vergessen!«, rief er. Er zog ein schwarzes Dreiecktuch heraus. »Ich habe es aus Mutters Verbandskasten genommen!«, sagte er lächelnd.

Bei der nächsten Parkbank hielten wir an. Ich zeigte Friedrich, wie man ein Halstuch vorschriftsmäßig rollt. Dann legte ich ihm das Tuch so unter den weißen Hemdkragen, dass hinten nur noch ein Zipfel hervorschaute. Ich wollte das Halstuch schon knoten, als Friedrich noch eine Lederschlaufe aus der Hosentasche holte. Es war eine braune Lederschlaufe mit eingeprägtem Hakenkreuz. Eine solche Schlaufe besaß nicht einmal unser Fähnleinführer.

Stolz schob Friedrich die Schlaufe über die gerollten Enden des Dreiecktuches bis zum Hals hinauf. Als er sah, wie ich ihn um die Schlaufe beneidete, freute er sich noch mehr. Er warf sich in die Brust, passte seinen Schritt dem meinen an und im Gleichschritt marschierten wir beide durch das alte Festungstor auf den Antreteplatz.

Die anderen tollten schon im Hof herum; sie kümmerten sich gar nicht um uns. Die meisten trugen kurze Hosen und irgendein gestreiftes oder kariertes Hemd; nur wenige besaßen ein richtiges Braunhemd und eigentlich war niemand vorschriftsmäßig angezogen.

Das Einzige, was alle gemeinsam hatten, war das dreieckige Halstuch, dessen Zipfel hinten unter dem Hemdkragen heraushing.

Mit strahlenden Augen lehnte Friedrich neben mir an der Mauer. »Ich bin so froh, dass ich dabei sein darf!«, sagte er. Gleichzeitig fühlte er nach seiner Halstuchschlaufe.

Endlich kam mein Jungzugführer. Er war vielleicht fünfzehn Jahre alt und er trug eine vorschriftsmäßige Uniform, wie auch wir sie uns alle wünschten.

Ich meldete ihm, dass ich einen Neuen mitgebracht hatte. »In Ordnung!«, sagte er. »Ich habe jetzt aber keine Zeit. Das machen wir später!« Dann ließ er uns antreten.

Wir stellten uns auf.

Friedrich schubste ich neben mich in die hinterste Reihe.

»Rechts um! Einrücken!«

Es gab einiges Durcheinander, weil Friedrich nicht genau wusste, wie er sich eingliedern musste. Er bekam Rippenstöße, aber dann stapfte er hinter mir die enge Wendeltreppe hoch.

Unser Heim war ein fensterloser Raum in der alten Festung. Von der Decke hing an zwei Drähten eine

45

starke Birne. Sobald man eintrat, fiel der Blick auf das Hitler-Bild an der Wand gegenüber der Tür. Gleich unter dem Bild war das berühmte Halstuch unseres Fähnleinführers in voller Breite ausgespannt. Die vielen Finger, die ehrfürchtig über den sagenhaften Stich hingefahren waren, hatten ihn inzwischen zu einem Loch erweitert, durch das man den Kopf stecken konnte.

An der rechten Seitenwand hingen zwei gekreuzte Stangen. Die schwarzen Wimpel am Ende der Stangen steckten mit Nadeln fest. In der Mitte der schwarzen Wimpel aber prangte die weiße gestickte Siegrune.

An der Wand neben der Tür hatte ein Jungzugführer sich versucht. Mit Wasserfarbe waren dort Sprüche angemalt. »Mehr sein als scheinen!«, stand dort und »Wer leben will, der kämpfe also!«

Als er sich neben mich auf die Holzbank setzte, flüsterte Friedrich: »Herrlich! Ich bin so froh; ich werde auch Pimpf.« Wir saßen kaum, als der Jungzugführer »Achtung!« brüllte. Alles sprang auf und stellte sich mit dem Gesicht zum Hitler-Bild. Der Jungzugführer meldete dem Fähnleinführer.

Mit schweren Schritten trat der Fähnleinführer unter das Bild. Er hob die Hand. »Sieg Heil, Jungens!«, rief er uns zu. »Sieg Heil, Fähnleinführer!«, antworteten wir.

Friedrich schrie mit solcher Begeisterung, dass seine Stimme sich überschlug.

»Hinsetzen!«, befahl der Fähnleinführer. Und während wir uns mit Getöse auf die Bänke fallen ließen, begann er: »Jungens, zu unserem heutigen Heimabend habe ich euch jemand mitgebracht. Er ist ein Sonderbeauftragter von der Gauleitung. Er möchte zu euch über etwas ganz Wichtiges reden.«

Da erst bemerkte ich den Buckligen, der mitgekommen war. Weil er so klein war, fiel er zwischen den Jungen gar nicht auf. Er steckte von Kopf bis Fuß in braunen Sachen, er trug sogar braune Stiefel. Der Schirm seiner braunen Mütze verdeckte das Gesicht.

Der Kleine trat nach vorn. Aber er konnte den Raum nicht richtig überblicken. Schließlich brachte der Jungzugführer eine leere Kiste an. Der Bucklige kletterte darauf und begann seinen Vortrag.

»Pimpfe des Führers!« Die Stimme klang unangenehm schrill. »Ich bin beauftragt heute zu euch über die Juden zu reden. Ihr alle kennt Juden. Doch ihr alle wisst zu wenig davon. Das wird in einer Stunde anders sein: In einer Stunde werdet ihr wissen, welche Gefahr die Juden für uns und unser Volk darstellen.«

Friedrich saß leicht vornübergeneigt neben mir auf der Bank. Sein Blick hing am Redner. Mit leicht geöffnetem Mund schlang er jedes Wort in sich hinein.

Der Bucklige schien das zu spüren und bald sah es so aus, als ob er seine Rede nur an Friedrich richte. Seine Worte gingen uns ein. Er verstand es, alles so auszumalen, dass wir es leibhaftig vor uns glaubten.

»Mit einem breiten Messer, so lang wie mein Arm, tritt der Judenpriester neben die arme Kuh. Ganz langsam hebt er das Schächtmesser. Das Tier fühlt den drohenden Tod; es brüllt, es versucht sich loszureißen. Aber der Jude kennt kein Erbarmen. Blitzschnell jagt er dem Tier das breite Messer in den Hals. Das Blut spritzt, es besudelt alles. Das Tier tobt, es hat schreckensstarre Augen. Aber der Jude kennt keine Gnade; er kürzt das Leid nicht ab; er weidet sich am Schmerz des blutenden Tieres; er will das Blut. Und er steht dabei, schaut zu, wie das Tier verblutet und schließlich elend verendet – Das nennt man schächten! – So verlangt es der Gott der Juden!«

Friedrich neigte sich so weit vor, dass ich fürchtete, er würde von der Bank kippen. Sein Gesicht war bleich; er atmete schwer; seine Hände krampften sich in seine Knie.

Der Bucklige erzählte von ermordeten christlichen Kindern, von jüdischen Verbrechen, von Kriegen.

Mich fror vom Zuhören.

Schließlich endete der Redner: »Einen Satz, einen einzigen Satz will ich euch in die Gehirne hämmern; ich will ihn wiederholen bis zum Überdruss, immer wiederholen: Die Juden sind unser Unglück! Und wieder: Die Juden sind unser Unglück! Und noch einmal: *Die Juden sind unser Unglück!*«

Schwitzend und erschöpft stand der kleine Sonderbeauftragte auf seiner Kiste. Er schwieg.

Es war ganz still im Raum.

Da zeigte der Bucklige auf Friedrich. »Wie heißt der Satz?«, fragte er ihn.

Friedrich bewegte sich nicht.

»Wie heißt der Satz?«, fragte der Redner schärfer.

Friedrich saß steif und vorgebeugt neben mir auf der Bank.

»Wie heißt der Satz?« Die Stimme des Sonderbeauftragten überschlug sich. Er hüpfte von der Kiste und ging mit ausgestrecktem Finger auf Friedrich zu.

Friedrich schluckte.

Der Bucklige stand dicht vor ihm. Seine Augen waren stechend auf Friedrich gerichtet. Er fasste Friedrich beim Halstuch und schob die Schlaufe ganz langsam aufwärts.

»Wie heißt der Satz?«, zischte er.

Flüsternd sagte Friedrich: »Die Juden sind unser Unglück.« Mit einem Ruck riss der Bucklige Friedrich von der Bank. »Steh auf, wenn ich mit dir rede!«, schrie er ihm ins Gesicht. »Und antworte gefälligst laut!«

Friedrich stellte sich gerade. Er war noch immer bleich. Mit deutlicher Stimme verkündete er: »Die Juden sind – euer Unglück!«

Man hörte nichts, kein Gerausch. Friedrich drehte sich um. Die Schlaufe, die neue Schlaufe, steckte in der Hand des Buckligen. Und Friedrich verließ ungehindert das Heim.

Ich blieb sitzen.

Der Ball

Wir liefen die Straße entlang. Friedrich hielt sich bei der Hauswand; ich blieb auf dem Bordstein. Ich warf den kleinen Vollgummiball, den ich im Schuhgeschäft geschenkt bekommen hatte. Er prallte von der Mitte des Gehsteigs hoch und flog Friedrich zu. Friedrich fing ihn auf und spielte ihn mir wieder zurück.

»Mein Vater kommt gleich heim!«, rief Friedrich. »Ich muss bald nach Hause. Wir kaufen heute groß ein. Vielleicht bekomme ich auch irgendwo einen Ball geschenkt!«

Ich nickte und sprang über einen Kanaldeckel. Weil uns ein Fußgänger entgegenkam, setzte ich mit dem Werfen kurz aus. Kaum war der Mann vorüber, da schleuderte ich Friedrich den Ball wieder zu.

Friedrich hatte nicht aufgepasst.

Es klirrte. Scherben fielen.

Der Ball rollte harmlos über den Gehsteig zu mir zurück.

Friedrich starrte mit offenem Mund auf die zertrümmerte Scheibe des Schaukastens.

Ich bückte mich nach dem Ball und begriff noch immer nicht, was geschehen war.

Da stand plötzlich die Frau vor uns. Sie fasste Friedrich beim Arm und zeterte los.

Auf ihr Geschrei hin wurden die Türen und Fenster in der Nachbarschaft geöffnet. Neugierige sammelten sich.

»Diebe! Einbrecher!«, schrie die Frau.

Ihr Mann stand mit den Händen in der Hosentasche vor der Ladentür. Unbekümmert rauchte er seine Pfeife.

»Dieser Judenlümmel«, verkündete die Frau allen, die es hören wollten, »drückt mir den Schaukasten ein, will meine Ware stehlen.« Dann wandte sie sich wieder Friedrich zu: »Aber das ist dir noch einmal danebengegangen. Ich bin wachsam. Dich kenne ich, du wirst mir nicht entwischen. Euch Judenpack, ausrotten sollte man euch. Erst richten sie einem das Geschäft zu Grunde mit ihren großen Kaufhäusern, dann bestehlen sie einen auch noch! Wartet nur, der Hitler wird es euch schon zeigen!« Wild schüttelte sie Friedrich hin und her.

»Aber er ist es doch gar nicht gewesen!«, rief ich dazwischen. »Ich habe den Ball geworfen; ich habe die Scheibe zerbrochen. Wir wollten nicht stehlen!«

Mit großen, dummen Augen guckte die Frau mich an. Sprachlos öffnete sie den Mund.

Indessen fegte ihr Mann die Scherben auf die Gasse. Er nahm die großen und kleinen Garnrollen, die Sternchen mit schwarzem und weißem Zwirn und die Docken mit buntem Stickgarn aus dem Schaukasten und trug sie in den Laden. Plötzlich wurden die Augen der Frau ganz klein. »Was mischst du dich denn ein? Was hast du überhaupt hier zu suchen? Scher dich fort! Meinst du, weil ihr zusammen in einem Hause wohnt, deshalb müsstest du den Judenlümmel in Schutz nehmen? Verschwinde!«, zischte sie mich an.

»Aber ich habe doch den Ball in den Kasten geworfen!«, versuchte ich es noch einmal.

Die Frau holte mit der Hand zum Schlag aus ohne Friedrich loszulassen. Friedrich weinte. Mit dem freien Ärmel wischte er sich die Tränen ab. Er verschmierte sein ganzes Gesicht. Und ich schwieg.

Irgendwer hatte die Polizei angerufen.

Atemlos und schwitzend radelte ein Schutzmann heran. Er ließ sich von der Frau alles berichten.

Wieder erzählte sie die Geschichte vom versuchten Einbruch. Ich zupfte den Schutzmann am Ärmel. »Herr Wachtmeister«, sagte ich, »er hat es nicht getan. Ich habe mit meinem Ball die Scheibe eingeworfen.«

Die Frau blickte mich drohend an. »Glauben Sie ihm nicht, Herr Wachtmeister!«, geiferte sie. »Er will den Judenlümmel in Schutz nehmen! Glauben Sie ihm nicht! Er denkt, der Jude sei sein Freund, weil sie beide im gleichen Haus wohnen.«

Der Schutzmann beugte sich zu mir herab. »Das verstehst du noch nicht, dazu bist du noch zu klein«, erklärte er mir. »Du glaubst, du tust ihm einen Freundesdienst, indem du für ihn eintrittst. Du weißt doch: Er ist Jude. Glaub mir: Wir Erwachsenen haben unsere Erfahrung mit Juden. Man kann ihnen nicht vertrauen; sie sind hinterlistig und betrügen. Niemand außer der Frau hat gesehen, was der Jude dort getan hat . . .«

»Aber sie hat es doch gar nicht gesehen!«, unterbrach ich ihn. »Nur ich bin dabei gewesen; ich habe es getan!«

Der Wachtmeister zog die Augenbrauen zusammen: »Du wirst doch diese Frau nicht als Lügnerin hinstellen wollen!«

Ich wollte noch etwas sagen, aber der Schutzmann ließ mich nicht mehr zu Worte kommen.

Er übernahm Friedrichs Handgelenk von der Frau. Geleitet von der Frau und einem langen Zug von Neugierigen führte er Friedrich unserem Hause zu.

Ich schloss mich dem Zug an.

Auf dem halben Weg begegneten wir Herrn Schneider.

Schluchzend rief Friedrich: »Vater!«

Erstaunt schaute Herr Schneider den Aufzug an. Er kam heran, grüßte und blickte verdutzt von einem zum andern.

»Ihr Sohn?«, begann der Wachtmeister.

Aber die Frau ließ ihn nicht weiterreden. Mit einem Wortschwall wiederholte sie ihre Erzählungen. Nur die Anspielung auf den Juden ließ sie diesmal fort.

Herr Schneider hörte geduldig zu. Als sie zu Ende war, nahm er Friedrichs Kinn und hob den Kopf hoch, um Friedrich in die Augen zu schauen. »Friedrich«, fragte er ernst, »hast du den Schaukasten mit Absicht zerschlagen?«

Friedrich schüttelte schluchzend den Kopf.

»Ich bin es gewesen, Herr Schneider! Ich habe meinen Ball hineingeworfen, aber ich habe es nicht absichtlich getan!«, rief ich und zeigte ihm den kleinen Vollgummiball.

Friedrich nickte.

Herr Schneider holte tief Atem. »Wenn Sie das, was Sie mir soeben erzählt haben, beeiden können«, sagte er zu der Frau, »dann erstatten Sie bitte Anzeige. Sie kennen mich, Sie wissen meine Anschrift!«

Die Frau antwortete nicht.

Herr Schneider zückte seine Geldbörse. »Und nun lassen Sie bitte meinen Sohn los, Herr Wachtmeister!«, sagte er scharf. »Ich bezahle den Schaden sofort.«

Treppengespräch

Herr Schneider stieg mit Friedrich die Treppe herab.

Herr Resch zog sich ächzend am Geländer die Stufen hoch. Auf dem Treppenabsatz vor unserer Tür verschnaufte er.

Hier begegneten sie sich.

Herr Schneider grüßte und wollte vorübergehen.

Herr Resch erwiderte den Gruß nicht. Er versperrte Herrn Schneider den Weg. Er atmete schwer, sein Gesicht rötete sich. Endlich stieß er hervor: »Ich wollte mit Ihnen reden.«

Herr Schneider sagte: »Bitte sehr!«, und verbeugte sich leicht gegen Herrn Resch. Er nahm die Schlüssel aus der Tasche. »Darf ich Sie in meine

Wohnung bitten, Herr Resch. Ich glaube, im Wohn-zimmer redet es sich besser als hier auf der Treppe.« Mit einer Handbewegung bot er Herrn Resch den Vortritt.

Herr Resch lehnte ab: »Ich werde Ihre Wohnung nicht mehr betreten. Mir ist schon recht, dass ich Sie hier getroffen habe. Was zu besprechen ist, können wir hier erledigen.«

Herr Schneider räusperte sich, machte wieder eine leichte Verbeugung und sagte: »Bitte, wenn Sie mei-nen, Herr Resch!«

Herr Resch ließ sich Zeit. Er schob sich bis zu unse-rer Tür vor und drückte unseren Klingelknopf.

Vater öffnete.

Ich schaute hinter ihm auf die Treppe hinaus.

»Würden Sie bitte zuhören«, forderte Herr Resch meinen Vater auf, »ich brauche Sie als Zeugen.«

Vater blieb ohne ein Wort zu sagen in der Tür ste-hen. Verwundert blickte er zwischen Herrn Resch und Herrn Schneider hin und her.

Herr Schneider guckte meinen Vater an und hob die Schultern.

Friedrich hielt sich ängstlich am Treppengeländer fest.

Herr Resch holte tief und lange Luft; er hustete, at-mete erneut tief: »Ich kündige Ihnen zum Ersten!«, brachte er endlich hervor.

Niemand sagte etwas. Man hörte nur Herrn Resch erregt und kurz atmen. Vaters und Herrn Schneiders Augen fanden sich; Herrn Reschs Blick senkte sich zu Boden. Friedrich betrachtete die Treppenhausbeleuchtung und ich verstand nichts.

»Wie bitte?«, fragte Herr Schneider.

»Sie ziehen am Ersten aus!«, erklärte Herr Resch.

Herr Schneider lächelte, als er sagte: »Aber das ist doch nicht Ihr Ernst, Herr Resch!«

Zum ersten Mal mischte sich auch mein Vater in das Gespräch. »Das geht doch gar nicht, Herr Resch«, bemerkte Vater, »Herr Schneider genießt Mieterschutz.«

Herr Resch schoss meinem Vater einen bösen Blick zu. »Ich habe Sie keineswegs gebeten diesen Herrn zu unterstützen!«, schnauzte er ihn an. »Sie sollen hier Zeuge sein, weiter nichts!«

Mein Vater räusperte sich: »Ich lasse mir von Ihnen das Wort nicht verbieten, Herr Resch. Sie werden auf mich als Zeugen verzichten müssen!«, entgegnete er. Nach diesen Worten schob er mich zurück und schloss laut die Tür.

Wir blieben aber hinter der Tür, um zu lauschen, was Herr Resch Herrn Schneider noch mitzuteilen hatte.

Höflich nahm Herr Schneider das Gespräch wieder auf: »Es geht aber wirklich nicht, dass Sie mir so unvermittelt kündigen, Herr Resch.«

Hüstelnd antwortete Herr Resch: »Sie werden sehen, es geht!«

Herr Schneider erkundigte sich: »Und darf ich Sie fragen, Herr Resch, aus welchem Grunde Sie uns kündigen?«

Herr Resch schrie so laut, dass es durch das Haus schallte: »Weil Sie Jude sind!« Darauf drehte er sich um und wir hörten, wie er die Treppe hinunterstampfte.

Herr Schneider

Wir saßen auf dem Bordstein vor unserem Haus.

Friedrich erklärte mir die Rechenaufgaben.

Ich hatte in der Schule nicht aufgepasst und ich passte auch bei Friedrich nicht auf. Mit den Schuhen schubste ich einen Stein hin und her, der vor mir auf dem Pflaster lag.

Friedrich rechnete so eifrig, dass er gar nicht bemerkte, wie wenig ich ihm zuhörte. Erst als ich dem Stein einen Stoß versetzte, schreckte er auf. Er blickte dem Stein nach.

»Verzeihung!«, sagte ich.

Aber Friedrich beachtete meine Entschuldigung nicht. Er schirmte die Augen mit der Hand ab und schaute angestrengt in die Richtung, in die der Stein geflogen war.

Nichts war zu sehen. Die Straße war leer. Nur ganz am Ende ging ein einzelner Mann, der sich langsam näherte.

»Ist das mein Vater?«, fragte Friedrich leise.

Ich betrachtete den Mann in der Ferne noch einmal. »Nein!«, sagte ich. »Dein Vater geht rascher. Und außerdem ist es noch zu früh; er kann noch nicht Feierabend haben.«

Friedrich schwieg. Seine Blicke verfolgten jede Bewegung des Herankommenden.

Der Mann trug seine Aktentasche am Griff. Sein Kopf hing auf die Brust. Der Hut beschattete das Gesicht. Müde schleppte der Mann seine Füße. Manchmal zögerte er unsicher. Dann lenkte er auf das Gitter eines Vorgartens zu. Einen halben Schritt davor schwankte er und strebte nun wieder zur Straße hin.

»Der ist betrunken!«, sagte ich.

»Das ist doch mein Vater!«, rief Friedrich. Er sprang auf und lief dem schwankenden Mann entgegen.

Ich blieb sitzen, denn ich misstraute Friedrichs Augen. Ich sah, wie Friedrich kurz vor dem Mann stutzte. Dann hakte er ihn unter, ohne dass der Mann aufgeblickt hätte. Friedrich führte. Als die beiden näher kamen, erkannte auch ich Herrn Schneider.

Friedrich zog seinen Vater am Ärmel über den Gehsteig. Er stellte es so an, dass er mir dabei den Blick auf seinen Vater verwehrte. Indem er mir den Rücken zukehrte, leitete er seinen Vater an mir vorüber in den Vorgarten.

Herr Schneider vergaß nie zu grüßen. Diesmal aber hielt er die Augen gesenkt. Über sein Gesicht rannen Tränen. Herr Schneider weinte. Er wischte die Tränen nicht ab; sie fielen auf seine Jacke und hinterließen dort feuchte Spuren. Herr Schneider weinte leise, aber hörbar.

Herr Schneider weinte! Ich hatte noch nie einen Mann weinen sehen.

Friedrich und sein Vater verschwanden im Haus.

Ich stand noch immer am Straßenrand. Erst als ich Friedrich mit seinem Vater in der Wohnung vermutete, stieg ich zu meiner Mutter hoch.

Ich erzählte ihr vom weinenden Herrn Schneider.

Mutter sagte: »Wir wollen uns ruhig verhalten. Herr Schneider wird sicher etwas Schlimmes erlebt haben. Wir wollen nicht stören.«

Ich setzte mich in die Küche und versuchte zu lesen. In Wirklichkeit dachte ich an Herrn Schneider.

Gegen Abend kam Frau Schneider zu uns. Sie war bleicher als sonst und trug das Haar unordentlich. Ängstlich schaute sie sich in unserer Küche um.

Mutter arbeitete am Herd. »Was ist mit Ihrem Mann, Frau Schneider?«, erkundigte Mutter sich leise ohne Frau Schneider anzublicken. »Hat er Kummer?«

Wortlos schüttelte Frau Schneider den Kopf. Plötzlich sackte sie auf einen unserer Küchenstühle. Sie warf die Arme auf den Tisch, legte das Gesicht darauf und weinte, weinte laut, weinte erschüttert. Ihr Körper bebte unter dem Schluchzen. Und es hörte nicht auf. Immer wieder stammelte sie: »Ich habe Angst! Ich habe solche Angst!« Man konnte es kaum verstehen.

Meine Mutter hatte sich erschreckt umgedreht, als Frau Schneider so verzweifelt über unserem Küchentisch zusammengesunken war. Nun fragte und sagte sie nichts weiter. Aus der hintersten Ecke des Küchenschranks nahm sie die sonst streng gehütete Büchse mit Bohnenkaffee. Mutter mahlte die Bohnen und tat sechs hoch gehäufte Löffelchen Kaffeemehl in die heiß ausgespülte kleine Kanne, die nur drei Tassen fasste.

Frau Schneider breitete die Arme über den Küchentisch, schluchzte, weinte, stöhnte. Ihre Tränen standen als kleine Lachen auf dem Wachstuch.

Mutter brühte den Kaffee auf. Während der Kaffee sich setzte, holte sie eine Flasche Weinbrand. Dieser Weinbrand war nach Vaters Willen nur für ernste Krankheitsfälle vorgesehen. Mutter öffnete die Flasche. Sie schenkte den Kaffee ein und goss einen Schluck Weinbrand zu.

Frau Schneider nahm von alledem nichts wahr. Unter ihren Weinkrämpfen zitterte der Tisch. Zwischendurch hörten wir immer wieder unverständliche Sprachfetzen.

Meine Mutter nahm einen Küchenstuhl und setzte sich dicht neben Frau Schneider. Sie hob ihren Kopf hoch und tupfte ihr das Gesicht ab. Danach flößte sie ihr vorsichtig von dem starken heißen Kaffee mit Weinbrand ein.

Es dauerte lange, bis Frau Schneider sich beruhigte. Endlich fasste sie sich. Mit einem feuchten Tuch, das Mutter ihr hinreichte, kühlte sie die verweinten Augen. »Verzeihung«, flüsterte sie, »ich kann nicht mehr!«

Mutter schüttelte den Kopf. Sie strich Frau Schneider sanft über das Haar. »Sagen Sie doch etwas!«, forderte sie die Verzweifelte auf. »Reden Sie, das erleichtert.«

Frau Schneider nickte. Wieder und wieder traten ihr Tränen in die Augen. Sie schluchzte. Nach einer Weile sagte sie so leise, dass man es kaum hören konnte: »Mein Mann ist entlassen!«

Meine Mutter guckte Frau Schneider verständnislos an.

Frau Schneider erwiderte den Blick nicht. Sie schaute vor sich hin auf die Wachstuchdecke.

»Ihr Mann ist doch Beamter?«, fragte Mutter.

Frau Schneider bejahte.

»Ich denke, Beamte können nicht entlassen werden?«, erkundigte sich Mutter.

Frau Schneider gab keine Antwort.

»Hat er – ich meine – hat er irgendetwas Dummes . . .«, forschte Mutter.

Frau Schneider schüttelte den Kopf. Wieder rannen Tränen. »Man hat ihn zwangsweise in den Ruhestand versetzt –«, sagte sie schließlich. »Mit zweiunddreißig Jahren!«

»Aber weswegen denn?«, fragte Mutter.

Frau Schneider hob den Kopf. Mit verweinten Augen schaute sie meine Mutter lange schweigend an. Nach sehr langer Zeit antwortete sie und betonte dabei jedes Wort: »Wir sind doch Juden!«

Die Verhandlung

Der Vorsitzende nahm eine neue Akte zur Hand. »Resch gegen Schneider«, rief er in den Gerichtssaal. Danach vertiefte er sich in die Schriftsätze, die vor ihm lagen.

Ein Rechtsanwalt in weiter Robe öffnete die Pendeltür in der Zeugenschranke. Mit den Augen winkte er Herrn Resch aus dem Zuschauerraum. Er wies ihn in die Zeugenbank.

Herr Schneider trat allein an den Richtertisch und wartete. Wenn man nicht auf seine ständig spielenden Finger blickte, schien er ruhig.

Der Rechtsanwalt des Herrn Resch stellte sich Herrn Schneider gegenüber auf.

Der Vorsitzende schaute hoch und sagte leise dem Schriftführer an, was er aufschreiben solle. Als dies geschehen war, wandte er sich dem Rechtsanwalt zu. »Herr Rechtsanwalt«, sprach er ihn an, »ich vermisse in der eingereichten Klageschrift die Begründung. Sie beantragen eine Räumung der Wohnung, die der Beklagte bewohnt, wegen Belästigung des Klägers. Sie geben aber nicht an, worin diese Belästigung bestanden hat oder besteht.«

Der Rechtsanwalt verbeugte sich vor dem Richter. Seine Hände fassten die Robe und zerrten sie fest über der Brust zusammen. Den Oberkörper nach hinten gelegt begann er zu reden: »Herr Vorsitzender! Bei unserer Räumungsklage handelt es sich um einen außergewöhnlichen Fall – aber die Rechtslage ist eindeutig. Der Kläger beansprucht ein Recht, wie es heute jedem deutschen Menschen gewährt werden muss. Wir, der Kläger und ich, der ich seine Sache vertrete, sind uns bewusst, dass wir rechtliches Neuland betreten. Schon im alten römischen Recht . . .«

Der Vorsitzende räusperte sich. So entstand eine kleine Pause. In dieser Pause unterbrach er den Redner. »Einen Augenblick bitte, Herr Rechtsanwalt. Nach der Zivilprozessordnung sind wir gehalten den Streitfall möglichst rasch zu klären. Wenn Sie so weit ausholen, fürchte ich, werden wir mehrere Verhandlungstage benötigen. Ich darf Sie deshalb bitten in Kürze den Sachverhalt vorzutragen.«

Wie schuldbewusst knickte der Rechtsanwalt seinen Kopf vor, bis das Kinn die Brust berührte. Dann warf er den Oberkörper wieder zurück, zog an seiner Robe und begann erneut.

Erregt starrte ich auf die Verhandelnden. Ich hatte noch nie in einem Gerichtssaal gesessen. Mutter hielt meine Hand fest umklammert. Auch sie erlebte so etwas zum ersten Mal. Herr Schneider hatte uns gebeten »für alle Fälle« mitzukommen.

Auf dem Platz neben uns hockte Frau Schneider. Sie zitterte am ganzen Leib und hatte vor Erregung einen Schluckauf. Friedrich schmiegte sich an sie. Mit angstweiten Augen blickte er abwechselnd auf seinen Vater, den Vorsitzenden und den Rechtsanwalt.

»Mein Mandant«, erklärte der Rechtsanwalt, »der Kläger, ist seit einem Jahr Mitglied der ›Nationalsozia-

listischen Deutschen Arbeiterpartei« unseres hochver-
ehrten Reichskanzlers Adolf Hitler.« Bei diesen Worten nahm der Rechtsanwalt stramme Haltung ein und
klappte die Hacken zusammen. Gleich darauf verfiel er
aber wieder in die alte Stellung, um weiterzureden.

»Der Kläger glaubt aus tiefster Seele an das Gedan-
kengut dieser Partei und ist überzeugt von der Richtig-
keit ihrer Lehren.«

Der Rechtsanwalt ging einen Schritt zurück, ließ
seine Robe los und streckte seinen rechten Zeigefinger
mahnend gegen die Decke des Gerichtssaals. Wie ein
Hund mit dem Schwanz, so wedelte er mit der Hand in
der Luft.

»Ein wesentlicher Bestandteil der nationalsozialistischen Gedankengänge aber ist die Ablehnung des Judentums. – Herr Vorsitzender!«

Wie beim Fechten setzte der Rechtsanwalt einen
Fuß vor und zeigte auf Herrn Schneider. Er hob die
Stimme: »Herr Vorsitzender. Der Beklagte ist Jude!«

Der Rechtsanwalt schwieg.

Fragend schaute der Vorsitzende zuerst den Rechtsanwalt, dann Herrn Schneider und schließlich die Zuschauer an.

Nach dieser Kunstpause setzte der Rechtsanwalt
seine Rede fort. Beschwörend rief er in den Gerichtssaal, es klang, als wolle seine Stimme brechen: »Kann
meinem Mandanten zugemutet werden jemanden als
Mieter in seinem Haus zu behalten, den er nach den
Grundsätzen seiner Partei für völkisches Unglück, für
eine beständig drohende Gefahr halten muss? Mein

Mandant empfindet die Anwesenheit eines Juden in seinem Hause als fortwährende Belästigung im Sinne des Mieterschutzgesetzes. Wir beantragen aus diesem Grund, den Angeklagten...«

Der Vorsitzende hob den Finger. »Den *Beklagten*, bitte, Herr Rechtsanwalt!«, stellte er richtig. »Den Beklagten!«

Mit verzweifeltem Gesichtsausdruck bedauerte der Rechtsanwalt. »Selbstverständlich, Herr Vorsitzender, den Beklagten. Ich bitte um Verzeihung.« Er holte tief Luft und setzte noch lauter ein: »Wir beantragen, den Beklagten zur Räumung der von ihm innegehabten Wohnung zu verurteilen und ihm die Kosten des Verfahrens aufzuerlegen.«

Der Vorsitzende winkte dem Schriftführer. Dann wandte er sich an Herrn Schneider. »Was haben Sie zu erwidern?« Frau Schneider rutschte unruhig auf ihrem Sitz hin und her. Steif aufgerichtet ragte neben ihr Friedrich von seinem Platz hoch. Hinter uns tuschelten einige Zuschauer miteinander. Mutter drückte meine Hand noch fester.

Mit sicherer Stimme antwortete Herr Schneider: »Ich beantrage die Klage abzuweisen. Der Kläger hat immer gewusst, dass ich Jude bin. Bis vor kurzer Zeit hatte er nichts dagegen einzuwenden.«

Der Vorsitzende neigte sich leicht vor. »Wie lange wohnen Sie bereits im Hause des Klägers?«

»Seit ungefähr zehn Jahren!«, gab Herr Schneider zur Antwort.

Zum Rechtsanwalt schauend erkundigte sich der

Vorsitzende: »Trifft zu, was der Beklagte vorgebracht hat?«

Der Rechtsanwalt suchte die Augen Herrn Reschs. »Trifft es zu?«, fragte er.

Prustend erhob sich Herr Resch von der Zeugenbank. Schwer atmend kam er langsam nach vorn. »Resch«, stellte er sich dem Vorsitzenden vor. »Ich bin der Kläger.«

Der Schriftführer verzeichnete den Namen in den Akten.

»Was haben Sie zur Sache zu bemerken?«, erkundigte sich der Vorsitzende.

Herr Resch faltete die Hände vor der Brust, schnappte nach Luft und fing an: »Ich bin überzeugter Nationalsozialist, Herr Vorsitzender. Durch meinen persönlichen Einsatz möchte ich dazu beitragen, das nationalsozialistische Weltbild zu verwirklichen. Der Jude Schneider hindert mich daran. Seine Gegenwart wird meine Parteifreunde abhalten mich zu besuchen. Aber nicht nur meine Parteifreunde, auch meine Geschäftsfreunde ziehen sich von mir zurück. Herr Vorsitzender, dieser Jude als Abgesandter des Weltjudentums wird mein Geschäft zerstören. Jeder Leser des ›Stürmer‹ weiß Bescheid über die verheerenden Zerstörungen, die unser Wirtschaftsleben, unser deutsches Wirtschaftsleben, besonders den Juden zu verdanken hat . . .«

Der Vorsitzende unterbrach Herrn Resch: »Augenblick bitte, halten Sie keine politischen Reden, sondern äußern Sie sich bitte zur Sache. Meine Frage ist noch nicht beantwortet: Wohnt der Beklagte seit zehn Jahren in Ihrem Haus und haben Sie immer gewusst, dass er Jude ist?«

Herr Resch trat näher an den Richtertisch. »Ja, aber das war doch früher etwas anderes. Inzwischen haben sich die Zeiten geändert. Ich kann keinen Juden in meinem Hause dulden!«

Der Vorsitzende winkte ab und sagte zu Herrn Resch: »Seit Sie Mitglied der NSDAP sind, können Sie keinen Juden mehr in Ihrem Hause dulden. Versichern Sie mir, dass Sie nicht demnächst einer Partei beitreten, die gegen Katholiken oder Vegetarier ist? Wenn ich heute Ihrem Antrag entspreche, stehen Sie im nächsten oder übernächsten Jahr vor mir und verlangen ein Urteil gegen einen anderen Mieter, weil er katholisch ist oder kein Fleisch zu sich nimmt.«

Herr Resch schüttelte den Kopf. »Aber das ist doch etwas ganz anderes . . .«

Da fasste ihn sein Rechtsanwalt beim Ärmel und zog ihn zur Seite. Leise sprachen die beiden miteinander. Herr Resch fuchtelte mit den Händen. Immer wieder versuchte der Rechtsanwalt ihn zu beruhigen.

Der Vorsitzende schaute zum Fenster hinaus.

Die Zuschauer wurden lauter. Frau Schneider tupfte Schweißtropfen von der Stirn. Friedrich streichelte ihren Arm.

Schließlich trat der Rechtsanwalt vor, während Herr Resch den Gerichtssaal verließ. »Mein Mandant hat mich beauftragt die Klage zurückzunehmen«, verkündete er.

Mit hörbarem Knall schloss der Vorsitzende die Akte. Vom vorliegenden Stapel nahm er eine neue, um die beiden nächsten Parteien aufzurufen.

Herr Schneider verbeugte sich vor dem Vorsitzenden.

Plötzlich heulte Friedrich laut auf. Frau Schneider legte ihm die Hand auf den Mund.

Alle im Saal schauten zu uns herüber. Der Vorsitzende suchte im Zuschauerraum. »Wer ist das?«, fragte er.

»Mein Sohn!«, antwortete Herr Schneider.

»Komm einmal zu mir, Junge!«, rief der Vorsitzende.

Herr Schneider holte Friedrich aus dem Zuschauerraum und führte ihn zum Richtertisch.

»Warum weinst du denn?«, fragte der Richter mit warmer Stimme. »Du brauchst dir keine Sorgen zu machen. Euch geschieht nichts. Dafür sitze ich doch hier, dass es gerecht zugeht.«

Friedrich wischte sich die Augen und sagte: »Ja, Sie!«

Im Kaufhaus

Friedrich trug einen neuen Anzug. Wie eine Tänzerin drehte er sich vor mir, um sich zu zeigen.

So fein sah nicht einmal mein Sonntagsanzug aus. »Woher hast du den?«, fragte ich.

Friedrich lachte, dann nahm er mich bei der Hand und führte mich die Straße hinunter.

»Wohin willst du?«, erkundigte ich mich und zog meine Hand aus der seinen.

»Komm mit!«, forderte Friedrich mich auf. »Ich zeige dir etwas. Du wirst staunen!«

Neugierig folgte ich.

Wir überquerten die Ringstraße, schlängelten uns durch eine enge Gasse und kamen auf den Marktplatz. Friedrich drängte voran; er ließ mir nicht einmal Zeit, die Schaufenster zu betrachten. An der Seite mit den Laubengängen verließen wir den Markt und bogen in die Hauptstraße ein.

Friedrich grüßte grinsend den Mann, der vor dem Gebäude der Kreisleitung Wache stand, mit ›Heil Hitler‹.

Stramm erwiderte der Mann den Gruß.

Dann betraten wir das Kaufhaus Herschel Meyer durch den Haupteingang.

Ein großer Mann im blauen Mantel mit blauer Schirmmütze, dem viele silberne Schnüre von der Schulter baumelten, riss vor uns die Tür auf und verneigte sich tief.

Der riesige Kristallleuchter im Erdgeschoss vervielfachte seine Lichter in den Spiegeln ringsum an den Wänden. Wo wir vorübergingen, erhoben sich die Verkäuferinnen erwartungsvoll hinter ihren Verkaufstischen.

Friedrich ließ sich nicht ablenken. Zielbewusst steuerte er auf die Rolltreppe zu. Mit einem Satz sprang er auf die ansteigenden Stufen und winkte mir nachzukommen.

Ich setzte meine Füße ein wenig vorsichtiger. Als ich sicheren Halt auf der Treppe gefunden hatte, kletterte ich ihm nach. Aber noch bevor ich ihn erreicht hatte, trat Friedrich schon auf die zweite Rolltreppe.

Unter dem Schild »2. Stock, Spielwaren« erwartete er mich. Er nahm mich bei der Hand und leitete mich zu einer Stelle, von der ich die ganze Abteilung übersehen konnte.

»Nun, was siehst du?«, fragte er stolz.

Ich guckte mich um. Ringsum waren Stände mit Spielsachen aufgebaut. Es gab Bauklötze, Schaukelpferde, Trommeln, Puppen, Rollschuhe und Fahrräder. Dazwischen standen Verkäuferinnen. Einzelne Kunden wanderten zwischen den Tischen oder wurden bedient. Ein Herr im schwarzen Gehrock mit grau gestreifter Hose schlenderte umher; hier wies er eine Verkäuferin an; dort setzte er ein Spielzeug zurecht.

»Ich weiß nicht«, sagte ich.

Friedrich ermunterte mich: »Komm, ich helf dir.« Er packte meine Schulter. Vorbei an Puppenwagen,

70

Reifen und Blechschiffen brachte er mich bis dicht hinter den Herrn im schwarzen Gehrock.

Irgendetwas an dem Herrn kam mir bekannt vor. Plötzlich hustete Friedrich laut und auffallend.

Ruhig drehte der Herr sich um.

Herr Schneider!

Herr Schneider lachte, er fasste Friedrich und stemmte ihn an den Ellbogen hoch. Dann begrüßte er mich. »Nun«, fragte er mich, »wer gefällt dir besser, der Postbeamte Schneider oder der Abteilungsleiter?«

Zögernd sagte ich: »Sie sehen so fein aus!«

Herr Schneider lachte wieder. »Ich gefalle mir jedenfalls so besser!«, stellte er fest und rieb sich die Hände. Dann packte er mich am Genick. Mit der Rechten schleuste er mich, mit der Linken Friedrich zwischen den Tischen durch zu einer riesigen Platte.

Auf dieser Platte war eine Eisenbahn aufgebaut. Die Schienen liefen durch Berge und Täler. Mehrere Züge konnten gleichzeitig fahren und hintereinander beim Spielzeugbahnhof halten.

Herr Schneider erklärte uns die Schaltungen. Dann ließ er uns mit der Eisenbahn spielen. Er stand daneben und schaute zu. Friedrich bediente die Güterzüge. Ich übernahm die Eil- und D-Züge. Beinahe hätte es sogar einen Zusammenstoß gegeben. Herr Schneider verhinderte ihn.

Während ich einen Wagen ankoppelte, fragte er mich unvermittelt: »Was macht das Jungvolk?«

Ich schaute Friedrich an.

»Friedrich hat mir alles erzählt«, sagte Herr Schneider.

Und ich antwortete: »Es gefällt mir gut. Nächstens machen wir eine richtige Fahrt. Vielleicht darf ich mit. Ich spare schon Geld. Das wird fein. Wir schlafen im Zelt und wir kochen selber. Schade, dass Friedrich nicht dabei sein kann!« Herr Schneider schaute weit über alles hinweg; seine Augen richteten sich auf etwas in der Ferne. Unmerklich nickte er. »Schade«, er flüsterte fast, »aber es ist wohl besser so!«

Schweigend spielten wir Jungen weiter.

Herr Schneider schritt hinter uns auf und ab. Plötzlich fragte er wieder: »Was sagt dein Vater eigentlich zum Jungvolk?«

Ich drehte mich um: »Vater ist froh, dass es mir im Jungvolk gefällt. Er achtet darauf, dass ich regelmäßig und pünktlich zum Dienst gehe, besonders seit er in der Partei ist.«

Herr Schneider schaute mich erschreckt an. »So, dein Vater ist jetzt auch in der Partei?«

Ich nickte: »Ja, er meinte, es könne uns nur nützen.«

Herr Schneider seufzte. Er wandte sich ab. Nach einer Weile rief er: »Fräulein Ewert, kommen Sie bitte einmal her!«

Eine junge Verkäuferin eilte herbei.

»Diese beiden jungen Herren«, sagte Herr Schneider, »diese beiden Kunden, Fräulein Ewert, möchten sich unsere Spielzeugschau ansehen. Zeigen Sie den beiden jungen Herren bitte alles, was sie sehen möchten, und erklären Sie ihnen bitte auch das Nötige. Und nach der Besichtigung darf sich jeder der jungen Herren für eine Mark Spielzeug aussuchen und mitnehmen, wohlverstanden, aber nur für eine Mark. Die Rechnung zahle ich. Bitte, Fräulein Ewert, führen Sie die Herren!«

Fräulein Ewert nickte lächelnd.

Herr Schneider reichte uns die Hand. »Auf Wiedersehen, Jungens, und viel Vergnügen!« Langsam ging er fort. Hinter dem vierten Tisch drehte er sich noch einmal um und winkte uns, aber er lächelte nicht mehr.

Der Lehrer

Die Schulglocke läutete.

Mit dem letzten Ton klappte Lehrer Neudorf das Buch zu und erhob sich. Langsam, nachdenklich, schritt er auf uns zu. Erst räusperte er sich, dann sagte er: »Der Unterricht ist zu Ende. – Aber bleibt bitte noch eine kurze Zeit hier; ich möchte euch etwas erzählen. – Wer jedoch keine Lust hat, kann schon nach Hause gehen.«

Wir schauten einander fragend an.

Lehrer Neudorf trat an das Fenster. Uns drehte er den Rücken zu. Aus der Jackentasche zog er seine Pfeife und begann sie zu stopfen. Dabei betrachtete er die Bäume auf dem Schulhof.

Geräuschvoll räumten wir unsere Sachen zusammen. Wir legten die Mappen und Ranzen bereit. Aber niemand verließ die Klasse. Wer fertig war, wartete.

Umständlich entzündete Lehrer Neudorf seine Pfeife. Genießerisch paffte er einige Züge gegen die Scheiben. Danach erst wandte er sich um. Er überblickte die Sitzreihen. Als er sah, dass noch alle Plätze besetzt waren, nickte er uns lächelnd zu.

Alle Augen richteten sich auf Lehrer Neudorf. Wir schwiegen. Vom Flur her hörten wir den Lärm der anderen Klassen. In einer der hinteren Bänke scharrte jemand mit den Füßen.

Lehrer Neudorf ging bis zur vordersten Reihe. Mit glühender Pfeife setzte er sich auf eines der Schreibpulte. Während er an seiner Pfeife sog, schaute er einen nach dem anderen an. Den Qualm blies er über unsere Köpfe weg zum Fenster hin.

Wir Schüler starrten voller Spannung und Erwartung auf den Lehrer.

Endlich begann er ruhig und leise zu sprechen. »Ihr habt in der letzten Zeit viel von Juden gehört, nicht wahr? Heute habe auch ich einen Grund, zu euch über Juden zu reden.«

Wir nickten und beugten uns vor, um besser lauschen zu können. Einzelne stützten das Kinn auf ihre Schultaschen. Man hörte nichts mehr.

Lehrer Neudorf stieß eine blaue Wolke duftenden Rauchs zur Decke empor. Nach einer Pause begann er wieder. »Vor zweitausend Jahren lebten alle Juden in dem Lande, das heute Palästina heißt; die Juden nennen es Israel.

Die Römer beherrschten das Land durch ihre Statthalter und Landpfleger. Aber die Juden mochten sich der Fremdherrschaft nicht beugen. Sie empörten sich gegen die Römer. Die Römer schlugen den Aufstand nieder und zerstörten im Jahre 70 nach Christus den Tempel zu Jerusalem. Die Aufrührer verbannten sie nach Spanien oder an den Rhein. Ein Menschenalter später wagten die Juden wieder eine Erhebung. Diesmal machten die Römer Jerusalem dem Erdboden gleich. Die Juden mussten fliehen oder wurden vertrieben. Sie verteilten sich über die ganze Erde.

Viele brachten es zu Wohlstand und Ansehen, bis man zu den Kreuzzügen aufrief.

Ungläubige hatten das Heilige Land erobert und verwehrten den Zugang zu den Gedenkstätten der Christen. Wortgewaltige Prediger forderten die Befreiung des Heiligen Grabes; Tausende von Entflammten sammelten sich zum Kreuzzug.

Einige aber erklärten: ›Was nützt es, wenn wir gegen die Ungläubigen im Heiligen Land ausrücken, solange auch noch Ungläubige mitten unter uns leben!‹

Damit begann die Verfolgung der Juden. An vielen Orten trieb man sie zusammen, mordete und verbrannte sie. Unter Zwang schleifte man sie zur Taufe; wer sich nicht taufen ließ, wurde gefoltert.

Zu Hunderten nahmen sich die Juden selber das Leben, um dem Gemetzel zu entgehen. Wer fliehen konnte, floh.

Als die Verfolgung vorüber war, ließen verarmte Fürsten ihre jüdischen Untertanen gefangen setzen und ohne Gerichtsurteil hinrichten, um sich an ihren Besitztümern zu bereichern.

Wieder flüchteten viele Juden. Diesmal nach Osten. In Polen und Russland fanden sie eine neue Bleibe. Aber im vorigen Jahrhundert begann man auch dort sie zu quälen und zu verfolgen.

Die Juden mussten in so genannten Gettos, den Judengassen, wohnen. Sie durften keine ›ehrlichen‹ Berufe ergreifen; Handwerker konnten sie nicht werden. Haus- und Grundbesitz zu haben war ihnen verboten. Nur im Handel und Geldverleih durften sie sich betätigen.«

Lehrer Neudorf legte seine erloschene Pfeife in die Rille für Federhalter und Bleistifte. Schweigend stieg er vom Pult. Nachdenklich wanderte er durch den Klassenraum. Bevor er weitererzählte, putzte er seine Brille.

»Das Alte Testament der Christen ist auch die Heilige Schrift der Juden; sie nennen es Thora, das heißt ›die Lehre‹. In der Thora ist niedergeschrieben, was Gott dem Moses geboten hat. Die Juden haben viel über die Thora und ihre Gebote nachgedacht. Wie die Gesetze der Thora zu verstehen sind, das haben sie in einem anderen, sehr großen Werk – dem Talmud, das heißt ›das Lernen‹ – niedergelegt.

Die strenggläubigen Juden befolgen noch heute die Regeln der Thora. Und das ist nicht leicht; sie verbieten beispielsweise sogar am Sabbat ein Feuer anzuzünden oder Fleisch von unreinen Tieren, wie Schweinen, zu essen.

In der Thora ist den Juden ihr Schicksal vorhergesagt: Wenn sie die göttlichen Gebote verletzen, werden sie verfolgt werden und müssen fliehen. Sie hoffen jedoch, dass der Messias sie in ihr Gelobtes Land zurückführt und dort unter ihnen sein Reich errichtet.

Weil sie nicht glaubten, dass Jesus der wahre Messias sei, weil sie ihn für einen Betrüger hielten, wie es derer schon andere gegeben hatte, deshalb haben sie ihn gekreuzigt. Und das haben ihnen viele bis heute nicht verziehen; sie glauben die unsinnigsten Dinge, die über Juden verbreitet werden. Einige warten nur darauf, die Juden wieder verfolgen und peinigen zu können.

Es gibt viele Menschen, die Juden nicht mögen: Die Juden kommen ihnen fremd und unheimlich vor; man traut ihnen alles Schlechte zu, nur weil man sie nicht genügend kennt!«

Aufmerksam folgten wir der Erzählung. Es war so still, dass wir Lehrer Neudorfs Schuhsohlen knarren hörten. Alle schauten ihn an; nur Friedrich blickte vor sich hin auf seine Hände.

»Man wirft den Juden vor, sie seien verschlagen und hinterlistig!

Wie sollten sie es nicht sein?

Jemand, der immer fürchten muss gequält und gejagt zu werden, muss schon sehr stark in seiner Seele sein, wenn er dabei ein aufrechter Mensch bleiben will.

Man behauptet, die Juden seien geldgierig und betrügerisch! Müssen sie das nicht sein?

Immer wieder hat man sie beraubt und enteignet, immer wieder mussten sie auf der Flucht alles zurücklassen, was sie besaßen. Sie haben erfahren, dass Geld das einzige Mittel ist, mit dem sie sich notfalls Leben und Unversehrtheit erkaufen können.

Eines aber müssen selbst die ärgsten Judenfeinde zugeben: Die Juden sind tüchtig!

Nur Tüchtige können zweitausend Jahre Verfolgung durchstehen.

Indem sie mehr und Besseres leisteten als die Menschen, unter denen sie lebten, errangen sich die Juden immer wieder Ansehen und Geltung. Viele große Gelehrte und Künstler waren und sind Juden.

Wenn ihr heute oder morgen erlebt, wie man die Juden missachtet, dann bedenkt eines: Juden sind Menschen, Menschen wie wir!«

Ohne uns anzusehen nahm Lehrer Neudorf seine Pfeife. Er kratzte die Asche aus dem Pfeifenkopf und brannte den restlichen Tabak neu an. Nach einigen Zügen fragte er: »Nun wollt ihr sicher wissen, warum ich euch dies alles erzählt habe?«

Er stellte sich neben Friedrichs Platz und legte Friedrich seine Hand auf die Schulter.

»Einer von euch wird unsere Schule verlassen. Friedrich Schneider soll unsere Schule nicht mehr besuchen; er muss in eine jüdische Schule überwechseln, weil er jüdischen Glaubens ist.

Wenn Friedrich in eine jüdische Schule muss, dann

ist das keine Bestrafung, nur eine Veränderung. Ich hoffe, ihr versteht das und bleibt Friedrichs Freunde, so wie ich sein Freund bleibe, wenn er auch nicht mehr meine Klasse besucht. Vielleicht wird Friedrich gute Freunde brauchen.«

Lehrer Neudorf fasste Friedrich bei den Schultern und er drehte ihn so, dass Friedrich ihn anschauen musste.

»Ich wünsche dir alles Gute, Friedrich!«, sagte der Lehrer, »und auf Wiedersehen!«

Friedrich senkte den Kopf. Leise antwortete er: »Auf Wiedersehen!«

Lehrer Neudorf eilte mit raschen Schritten nach vorn. Der Klasse zugewandt hob er den rechten Arm mit ausgestreckter Hand in Augenhöhe und grüßte: »Heil Hitler!« Wir sprangen auf und erwiderten den Gruß auf die gleiche Weise.

Die Reinemachefrau

Seit Herr Schneider im Kaufhaus ›Herschel Meyer‹ Abteilungsleiter geworden war, kam Frau Penk zu Schneiders. Zweimal in der Woche half sie Frau Schneider beim Reinemachen und bei der Hausarbeit.

Nachdem mein Vater Arbeit gefunden hatte und außerdem wegen seiner Parteizugehörigkeit bald befördert worden war, stand Frau Penk auch meiner Mutter bei.

Frau Penk war sehr fleißig, sie arbeitete sauber; man konnte sie ohne Bedenken weiterempfehlen. Frau Penk übernahm so viele Stellen, wie sie eben noch schaffen konnte. Am liebsten ging Frau Penk zu Familien mit Kindern; denn sie selber hatte kein Kind. Weil ihr Mann erst spätabends aus der Fabrik zurückkehrte, weil sie sich allein zu Hause langweilte und besonders, weil sie sich gern alles Mögliche und Unmögliche kaufte, deshalb putzte Frau Penk für andere Leute.

Es war an einem Mittwoch im Spätherbst 1935. Ich saß über den Schulaufgaben und Frau Penk putzte die Fenster. Da klingelte es. Ich hörte, wie Mutter zur Tür ging. Draußen verlangte Frau Schneider nach Frau Penk.

Auch Frau Penk hatte es gehört. Sie legte das Fensterleder beiseite und wollte eben zur Tür gehen, als Mutter mit Frau Schneider und Friedrich eintrat.

»Ich wollte zu Ihnen«, sagte Frau Schneider und reichte Frau Penk die Hand. »Ich wollte Sie bitten am Freitag nicht so früh zu kommen; ich muss nämlich mit Friedrich zum Arzt«, ergänzte sie und zuletzt fragte sie: »Ist es Ihnen recht, Frau Penk?«

Frau Penk machte ein betroffenes Gesicht. Aus der Schürzentasche hatte sie ihr Taschentuch genommen und drehte es zwischen den Fingern. Den Blick hielt sie auf das Taschentuch gesenkt. Nach einer Weile begann sie verlegen: »Ich wäre nachher zu Ihnen hinaufgekommen; ich wollte ohnehin mit Ihnen sprechen, Frau Schneider.« Sie machte eine kleine Pause, dann schaute sie Frau Schneider an und sagte: »Wissen Sie, Frau Schneider, Sie müssen das verstehen . . . Mein Mann meint . . . Ich habe wirklich gern bei Ihnen gearbeitet . . . Ich habe den Friedrich doch so gern . . .«

Frau Schneider bekam einen hochroten Kopf. Nun senkte sie den Kopf. Ihre Hände spielten unruhig an den Mantelknöpfen. Sie atmete rasch und kurz.

Meine Mutter betrachtete fragend zuerst Frau Penk, dann Frau Schneider.

Frau Penk hatte Friedrich zu sich gezogen. Sie legte ihren Arm um seinen Hals. Fest drückte sie ihn an sich, während sie mit der linken Hand immerfort ihre Schürze glatt strich. Friedrich guckte verständnislos zuerst seine Mutter und schließlich Frau Penk an.

Da hob Frau Schneider den Kopf. Sie schluckte, rausperte sich und sagte: »Es ist gut, Frau Penk. Ich verstehe Sie. Ich bin Ihnen auch nicht böse. Ich danke Ihnen, dass Sie uns so lange und so gut geholfen haben. Ich wünsche Ihnen alles Gute!« Rasch bot sie Frau Penk die Hand. »Komm, Friedrich!«, rief sie und verließ eilig die Wohnung.

Als Mutter zurückkam, zuckte sie mit den Schultern. »Ich verstehe gar nichts mehr!«, erklärte sie.

Frau Penk stand noch immer an der gleichen Stelle und knetete ihr Taschentuch.

»Haben Sie sich mit Frau Schneider gezankt?«, erkundigte sich Mutter. »Was ist denn los? Wie können Sie eine solche Familie aufgeben?«

Frau Penk drehte Mutter den Rücken zu. Sie ergriff das Fensterleder. Während sie über die Rahmen wischte, sprach sie zur Wand hin. »Was soll ich tun? Glauben Sie, ich hätte es gern getan? Aber schließlich bin ich erst achtunddreißig.«

Mutter machte ein Gesicht, als ob Frau Penk ihr ein Rätsel aufgegeben hätte. »Was hat das denn damit zu tun, dass Sie erst achtunddreißig Jahre alt sind?«

Über die Schulter weg musterte Frau Penk erstaunt meine Mutter.

Fragend hielt Mutter dem verwunderten Blick stand.

Frau Penk unterbrach die Arbeit. »Wissen Sie denn noch nichts von dem neuen Gesetz, das die Nazis gemacht haben?«, forschte sie überlegen.

»Nein!«

»Juden und Nichtjuden dürfen nicht mehr heiraten«, erklärte Frau Penk. »Alle Ehen zwischen Juden und Nichtjuden werden aufgelöst. Und nichtjüdische Frauen, die jünger als fünfundvierzig sind, dürfen nicht mehr bei Juden im Hause arbeiten.«

»Mein Gott!«, seufzte Mutter.

»Vorige Woche habe ich gesehen«, erzählte Frau Penk, »wie sie eine junge Frau durch die Stadt geführt haben. Um den Hals trug sie ein Schild mit dem Spruch:

›Ich verdiene feste Hiebe,
weil ich einen Juden liebe!‹«

82

Mutter schlug die Hände vors Gesicht. »Das ist ja furchtbar!«, klagte sie.

»Glauben Sie, ich möchte auch so durch die Stadt getrieben werden oder sogar im Zuchthaus landen?« Frau Penk schüttelte den Kopf.

Langsam ging Mutter bis zur Tür. Bevor sie das Zimmer verließ, blieb sie noch einmal stehen. »Und was sagt Ihr Mann dazu, Frau Penk?«, fragte sie.

Frau Penk faltete das Fensterleder. »Wissen Sie«, erwiderte sie leise, »ich hätte es schon einzurichten gewusst. Aber mein Mann war früher Kommunist; er meint, wir müssten vorsichtig sein und wir dürften uns nichts zu Schulden kommen lassen.«

Gründe

Vater kam spät von der Parteiversammlung heim. Müde schaute er zur Uhr. Zu Mutter sagte er: »Ich möchte jetzt noch nicht essen.«

Mutter schüttelte verwundert den Kopf und setzte den Topf wieder vom Feuer. Vater nahm einen Stuhl und stellte ihn auf den Flur neben die Wohnungstür. Im Schein der Flurbeleuchtung las er dort seine Zeitung.

Mutter schaute aus der Küchentür nach ihm. Mit einem Seufzer ging sie danach wieder an ihre Arbeit.

Aber Vater überflog die Zeitung sehr unaufmerksam. Jedes Mal, wenn sich im Haus etwas regte, öffnete er die Flurtür einen Spalt, um hinauszulauschen.

Das Spielen hatte ich längst aufgegeben. Vom Wohnzimmer aus verfolgte ich das seltsame Benehmen meines Vaters und überlegte, was wohl das zu bedeuten habe.

Als er den Schritt von Herrn Schneider auf der Treppe hörte, riss Vater die Wohnungstür auf. Er warf die Zeitung zu Boden und trat hinaus auf den Treppenabsatz, um Herrn Schneider abzufangen.

Herr Schneider stieg langsam die Treppe herauf. Friedrich begleitete ihn, er trug seines Vaters Tasche.

Erstaunt blickten die beiden auf meinen Vater, der ihnen den Weg versperrte.

»Herr Schneider«, sagte Vater ganz leise, »darf ich Sie einen Augenblick zu uns hereinbitten?«

Herr Schneider fragte: »Kann Friedrich mitkommen?«

Vater war einverstanden. Er führte die beiden in unser Wohnzimmer. Herrn Schneider bot er einen Platz am Fenster an, Friedrich wies er zu mir.

Friedrich und ich, wir spielten still Domino in der Ecke beim Ofen.

Vater gab Herrn Schneider eine von den guten Sonntagszigarren, er selber zündete sich eine Zigarette an. Die beiden rauchten still eine Weile vor sich hin, ehe sie begannen.

»Es fällt mir schwer, Herr Schneider«, murmelte Vater. Dann sagte er etwas lauter: »Darf ich frei und

84

offen reden?« Dabei blickte er Herrn Schneider voll an.

Das Gesicht von Herrn Schneider war sehr ernst geworden. Er zögerte erst. »Ich bitte darum!«, antwortete er schließlich. Die Hand mit der Zigarre zitterte leicht; Aschenstäubchen schwebten auf Hose und Boden.

Schuldbewusst senkte Vater den Blick auf den Boden. Fast flüsternd teilte er Herrn Schneider mit: »Ich bin in die Partei eingetreten.«

Ebenso leise und ein wenig enttäuscht entgegnete Herr Schneider: »Ich weiß!«

Überrascht hob Vater den Kopf.

»Ihr Sohn hat es mir verraten!«, ergänzte Herr Schneider. Seine Stimme klang traurig. »Und ich konnte es mir auch denken.«

Vorwurfsvoll schaute Vater zu mir herüber. Erregt zog er an seiner Zigarette. Leise redete er weiter. »Sie müssen das verstehen, Herr Schneider, ich war lange arbeitslos. Seit Hitler an der Macht ist, habe ich wieder Arbeit, bessere Arbeit, als ich erhofft hatte. Es geht uns gut.«

Begütigend versuchte Herr Schneider zu bremsen: »Sie brauchen sich wirklich nicht zu entschuldigen, wirklich nicht!«

Vater winkte mit der Hand ab: »In diesem Jahr können wir zum ersten Mal alle zusammen eine Urlaubsreise mit ›Kraft durch Freude‹ machen. Man hat mir inzwischen schon wieder eine gute Stelle angeboten, weil ich Parteigenosse bin. Herr Schneider, ich bin Mitglied der NSDAP geworden, weil ich glaube, dass es meiner Familie und mir zum Vorteil gereicht.«

Herr Schneider unterbrach meinen Vater: »Ich verstehe Sie sehr, sehr gut. Vielleicht – wenn ich nicht Jude wäre – vielleicht hätte ich genauso gehandelt wie Sie. Aber ich bin Jude.«

Vater nahm eine neue Zigarette. »Ich stimme keineswegs der Partei in allem zu, was sie fordert und tut. Aber, Herr Schneider, hat nicht jede Partei und jede Führung ihre Schattenseiten?«

Herr Schneider lächelte schmerzlich: »Und leider stehe diesmal ich im Schatten.«

»Und deswegen habe ich Sie hereingebeten, Herr Schneider«, ergriff Vater wieder das Wort, »darüber wollte ich mit Ihnen reden!«

Herr Schneider schwieg. Sein Blick lag voll auf Vater; von Furcht war nichts darin zu erkennen. Nun zitterte seine Hand nicht mehr. Er atmete tief und ruhig. Mit Genuss rauchte er die Zigarre.

Friedrich hatte das Dominospiel schon lang beiseite geschoben. Er horchte auf die Unterhaltung der Erwachsenen. Seine Augen erschienen ungeheuer groß, aber man konnte glauben, dass sie irgendwohin ziellos in die Gegend gerichtet seien. Mich beachtete Friedrich nicht mehr. Auch ich lauschte dem Gespräch der beiden Männer. Wenn ich auch nicht alles verstand, so berührte mich doch der Ernst, mit dem sie redeten.

»Wissen Sie, Herr Schneider«, begann mein Vater wieder, »ich habe heute Nachmittag eine Parteiversammlung besucht. In einer solchen Versammlung erfährt man allerhand; man vernimmt viel über die Pläne und Absichten der Führung, und wenn man richtig zu hören versteht, kann man sich auch noch eine ganze Menge denken.

Ich möchte Sie fragen, Herr Schneider: Warum bleiben Sie mit Ihrer Familie noch hier?«

Herr Schneider lächelte erstaunt.

Aber Vater fuhr fort: »Viele Ihrer Glaubensbrüder haben Deutschland bereits verlassen, weil man ihnen das Leben zu schwer gemacht hat. Und das wird noch nicht aufhören, das wird sich noch steigern. Denken Sie an Ihre Familie, Herr Schneider, gehen Sie fort!«

Herr Schneider reichte meinem Vater die Hand. »Ich danke Ihnen für Ihre Offenheit«, sagte er, »und ich weiß sie zu schätzen. Sehen Sie, auch ich habe mir schon überlegt, ob es nicht besser wäre, aus Deutschland zu fliehen. Es gibt zwei Gründe, die dagegen sprechen.«

Erregt unterbrach mein Vater: »Alles, alles spricht dafür, dass Sie besser heute als morgen gehen. Begreifen Sie doch, Herr Schneider!« Mein Vater steckte sich die dritte Zigarette an. Sonst rauchte er den ganzen Tag über höchstens fünf.

»Hören Sie meine Gründe«, setzte Herr Schneider seine Erklärung fort, »ich bin Deutscher, meine Frau ist Deutsche, mein Sohn ist Deutscher, alle unsere Verwandten sind Deutsche. Was sollen wir im Ausland? Wie wird man uns aufnehmen? Glauben Sie wirklich, dass man uns Juden anderswo lieber sieht als hier? –

Und überdies: Das wird sich auf die Dauer beruhigen. Seit das Olympische Jahr angefangen hat, lässt man uns fast ganz in Ruhe. Finden Sie nicht?«

Beim Abstreifen der Asche zerbrach Vater seine Zigarette. Sofort holte er eine neue aus der Schachtel. Mit Kopfschütteln hörte er Herrn Schneiders Worten zu: »Trauen Sie dem Frieden nicht, Herr Schneider.«

»Seit zweitausend Jahrend gibt es Vorurteile gegen uns«, erläuterte Herr Schneider. »Niemand darf erwarten, dass diese Vorurteile in einem halben Jahrhundert friedlichen Zusammenlebens schwinden. Wir Juden müssen uns damit abfinden. Im Mittelalter, da waren diese Vorurteile noch lebensgefährlich für uns. Inzwischen sind die Menschen aber doch wohl ein wenig vernünftiger geworden.«

Vater zog die Augenbrauen zusammen: »Sie reden, Herr Schneider, als ob Sie bloß eine kleine Gruppe gereizter Judenhasser zu fürchten hätten. Ihr Gegner ist ein Staat!« Vater drehte die Zigarette zwischen den Fingern und rauchte hastig.

»Das ist doch unser Glück!«, entgegnete Herr Schneider. »Man wird unsere Freiheit einschränken, man wird uns vielleicht ungerecht behandeln, aber wir brauchen wenigstens nicht zu fürchten, dass tobende Volksmassen uns gnadenlos ermorden.«

Vater zuckte mit den Schultern: »Unfreiheit und Ungerechtigkeit wollen Sie einfach hinnehmen?«

Herr Schneider beugte sich vor. Er sprach ruhig und sicher: »Gott hat uns Juden eine Aufgabe gestellt. Wir müssen sie erfüllen. Immer sind wir verfolgt worden, seit wir unsere Heimat verlassen haben. In der letzten Zeit habe ich viel darüber nachgedacht. Vielleicht gelingt es uns, dem unsteten Wandern ein Ende zu machen, wenn wir nicht mehr fliehen, wenn wir dulden lernen, wenn wir ausharren, wo wir hingestellt sind.«

Vater drückte seine Zigarette aus: »Ich bewundere Ihren Glauben, Herr Schneider«, sagte er, »aber ich kann ihn nicht teilen. Ich kann nicht mehr tun, als Ihnen raten: Gehen Sie fort!«

Herr Schneider erhob sich. »Was Sie denken, kann nicht sein, im zwanzigsten Jahrhundert nicht! – Aber ich danke Ihnen für Ihre Offenheit und für Ihre Sorge um uns.« Und wieder schüttelte Herr Schneider Vaters Hand.

Vater geleitete ihn zur Tür.

Herr Schneider winkte Friedrich zu sich. Im Flur blieben sie noch einmal stehen. »Und wenn Sie doch Recht haben sollten«, ganz leise sprach Herr Schneider, »darf ich Sie um eines bitten?«

Vater bejahte schweigend.

»Wenn mir etwas zustoßen sollte«, leise und stockend kam es, »nehmen Sie sich bitte meiner Frau und des Jungen an!«

Vater fasste nach Herrn Schneiders Hand und drückte sie fest.

Im Schwimmbad

Es war heiß. Wer nicht musste, ging nicht auf die Straße. Nur wenige Menschen schlichen schwitzend durch den Schatten.

Wir hatten uns verabredet. Draußen vor der Stadt, wo der Wald anfing, wollten wir uns treffen, um gemeinsam zum Waldbad zu fahren. Mutter hatte mir ihr Fahrrad geliehen. Es sah zwar nicht mehr schön aus, aber es fuhr noch sehr gut. Friedrich kam mit seinem neuen blauen Rad. Er hatte es dazu auch noch blank geputzt. Das glänzte und spiegelte.

Auf dem Weg zum Waldbad sangen wir »Waldeslust . . .« und »Das Wandern ist des Müllers Lust . . .« Friedrich ließ dic Lenkstange los. In großen Bogen lief das Rad von einem Wegrand zum andern.

Plötzlich kam uns ein Mann mit einem silberglänzenden Rad entgegen. Dieses Rad funkelte in der Sonne. Damit konnte man nicht einmal Friedrichs Rad vergleichen.

Trotz der Hitze schien es der andere Radfahrer sehr eilig zu haben. Schon auf weite Entfernung klingelte er, weil Friedrich noch immer zwischen den Wegseiten hin und her pendelte.

Friedrich fasste wieder nach der Lenkstange, aber sonst kümmerte er sich nicht um den Herankommenden. Er zwang den Mann zu bremsen.

Das tat der Fremde auch. Dabei fluchte er ziemlich laut.

Im letzten Augenblick erst gab Friedrich die Fahrbahn frei. Der andere Radfahrer stellte sich schimp-
fend in die Pedale. Friedrich pfiff auf den Fingern
hinter ihm her. Statt sich umzuschauen trat der andere nur noch fester und raste über den Waldweg davon.

Eine Viertelstunde später langten wir im Wald-
schwimmbad an. Wir schlossen unsere Fahrräder an
einen Baum. Nachdem wir uns ausgezogen hatten, gaben wir unsere Sachen ab und erhielten dafür ein Armband mit einer Nummer. Friedrich band sich die
Nummer um das Fußgelenk und sprang ins Wasser. Er
konnte viel besser schwimmen als ich und er war ein
sehr guter Taucher.

Bis zum späten Nachmittag tobten wir im Wasser
herum oder ließen uns von der Sonne braten. Als ich
auf die große Uhr über dem Eingang schaute, hatten
wir unsere Zeit schon überschritten. Wir wollten unsere Kleider abholen – da vermisste Friedrich seine
Nummer. Er lief noch einmal zurück und tauchte über
den Boden des Beckens, aber das Armband fand er
nicht. Schulterzuckend stellte er sich zu den Übrigen,
die auf ihre Sachen warteten.

An der Ausgabe ging es sehr langsam. Der Bademeister hatte viel zu tun.

Ich erhielt meinen Bügel mit den Schuhen, der Hose
und dem übrigen Rest. Rasch zog ich mich um. Als ich
frisch gekämmt aus der Zelle kam, stand Friedrich
noch immer in der Reihe. Ich wrang meine Badehose
aus und wickelte sie in mein Handtuch.

Endlich wandte sich der Bademeister auch Friedrich zu. Er schimpfte, als er hörte, was geschehen war. Dann ließ er Friedrich aber doch durch die Absperrung. Frierend suchte der nasse Friedrich, vom mürrischen Bademeister begleitet, zwischen den Kleidern auf den Haken seine Sachen.

Der Bademeister wollte ihn schon sitzen lassen, bis alle anderen bedient wären, als Friedrich rief: »Da sind sie!« Der Bademeister nahm den Bügel. Er trug ihn zur Absperrung. Dort hängte er ihn auf. Friedrich schickte er vor das Gitter.

»Wie heißt du?«, fragte er ihn.

»Friedrich Schneider«, antwortete Friedrich.

»Wo steckt dein Ausweis?«, wollte der Bademeister wissen.

»In der rechten hinteren Hosentasche. Der Knopf ist lose«, erklärte Friedrich.

Der Bademeister suchte die Tasche, knöpfte auf und zog das Mäppchen mit dem Ausweis hervor. Dann nahm er den Ausweis und besah ihn.

Friedrich stand noch immer schnatternd vor der Absperrung. Er blickte zu Boden und schämte sich.

Auf einmal pfiff der Bademeister laut zwischen den Zähnen durch.

Von der anderen Seite, wo sie die Frauen und Mädchen bediente, kam die Bademeisterin gerannt.

»Guck dir das an!«, sagte der Bademeister. »So etwas bekommst du nicht mehr oft zu sehen.« Alle konnten zuhören, wie er laut erklärte: »Das ist einer von den Judenausweisen. Der Kerl hat mich belogen. Er behauptet, er hieße Friedrich Schneider – Friedrich Israel Schneider muss er sich nennen. – Ein Jude ist er! Pfui! Ein Jude in unserer Badeanstalt!« Er machte ein ekelverzerrtes Gesicht.

Alle, die noch auf ihre Kleider warteten, blickten Friedrich an. Angewidert warf der Bademeister Friedrichs Ausweis und das Mäppchen über die Absperrung. »Judensachen zwischen den Kleidern anständiger Menschen!«, schrie er. Da schleuderte er auch den Bügel mit Friedrichs Sachen auf den Boden, so dass alles weit auseinander flog.

Während Friedrich seine Kleider vom Boden aufsammelte, verkündete der Bademeister: »Bah! Jetzt muss ich mir erst die Hände waschen, ehe ich weiterbediene!« Er verließ die Absperrung. Einen von Friedrichs Schuhen trat er dabei in ein verstopftes Fußwaschbecken.

Noch bevor Friedrich alles wieder gefunden hatte, kehrte der Bademeister zurück: »Sieh zu, wo du dich ankleidest«, schnauzte er Friedrich an, »in unsere Zellen kommst du nicht!«

Hilflos und nass umklammerte Friedrich seine Sachen. Er suchte nach einer Gelegenheit, sich abzutrocknen und sich anzukleiden. Da er keine geschützte Ecke fand, rieb er sich notdürftig mit seinem Handtuch ab und zog seine Hose über die nasse Badehose. Aus den Hosenbeinen tropfend verließ er die Badeanstalt.

Der Bademeister brüllte noch hinter ihm her, aber das verstanden wir nicht mehr.

93

Ich hatte die Räder schon losgeschlossen.

Friedrich verstaute seine Sachen auf dem Gepäckständer. Er wagte nicht, mir in die Augen zu schauen. Leise sagte er: »Im Wald ziehe ich mich richtig um.«

Da wurde es hinter uns laut. »Hier hat es gestanden!«, sagte ein großer Junge. »Ich weiß es ganz genau. An dieser Stelle hatte ich es festgemacht. Überall habe ich nachgesehen; es ist nicht mehr da. Ganz silbern war es; ich hatte es gerade frisch geputzt.«

Viele Neugierige versammelten sich um den Jungen. Sie gaben kluge Ratschläge: »Du musst die Spuren verfolgen!«, »sofort die Polizei verständigen!«

Friedrich horchte auf. Er ließ sein Rad stehen und ging zu dem Kreis, der sich um den Bestohlenen gebildet hatte. »Du, hör mal«, sagte Friedrich, »ich weiß, wer dein Rad gestohlen hat. Ich habe den Mann gesehen; ich kann ihn genau beschreiben.«

Alle schauten Friedrich an. Zwischen ihm und dem Bestohlenen öffnete sich eine Gasse.

Der Junge trat einen Schritt auf Friedrich zu. »Sag mal«, fragte er, »du – du bist doch der Jude von vorhin da drinnen?«

Friedrich wurde wieder rot und senkte die Augen zu Boden. »Denkst du denn«, fuhr der Junge fort, »denkst du denn, wenn du das der Polizei erzählst, die glauben dir?«

Das Fest

Ich war mitgegangen, obwohl mich Vater erst vor einer
Woche gebeten hatte: »Zeig dich nicht mehr so oft mit
Schneiders Sohn auf der Straße; ich habe sonst Schwie-
rigkeiten.« Nun standen wir im großen Raum der Synagoge, Herr Schneider, Friedrich und ich. Friedrich und
sein Vater trugen ihre besten Anzüge; ich dagegen
hatte nur meine Alltagskleidung an.

Allmählich füllte sich auch die Sitzbank vor der uns-
rigen. Männer, die Hüte auf dem Kopf trugen, schüt-
telten uns die Hände und wünschten uns »Schabbes«.
Besonders aber für Friedrich fanden sie alle ein freund-
liches Wort oder klopften ihm auf die Schulter.

Nach und nach hoben alle Anwesenden die Sitz-
bretter ihrer Bank hoch. Darunter befanden sich
kleine Fächer.

Friedrich entnahm seinem Fach einen großen wei
ßen Schal, ein Gebetbuch und sein Gebetskäppchen.
Dafür verstaute er seine Mütze im Fach. Den Schal mit
den langen Fransen berührte er mit den Lippen und
legte ihn um.

»Mein Tallith, mein Gebetsmantel!«, flüsterte er
mir zu.

Ein Mann mit Schnitthut, dessen langer schwarzer
Mantel bis zu den Füßen reichte, stieg die Stufen einer
Vertiefung mitten im Raum hinab. Er trat an ein tep-
pichbedecktes Betpult, blätterte ein dickes Buch von
hinten auf und begann sofort in singendem Tonfall ein

Gebet zu sprechen. »Unser Rabbiner!«, unterrichtete mich Friedrich leise. Dann schlug auch er sein Gebetbuch auf und betete ebenfalls hebräisch. Manchmal unterbrach er den Gesang des Rabbiners durch einen Zwischenruf, ein andermal stimmte er anscheinend ein ganz anderes Gebet an.

Ich staunte. Woher konnte Friedrich so gut Hebräisch? Er hatte mir nie etwas davon verraten. Er kam mir vor wie einer von den vielen Erwachsenen ringsumher. Hin und wieder schaute Friedrich von seinem Gebetbuch auf und nickte mir zu.

Der Rabbiner betete nach Osten gewandt. Vor der Ostwand, die mit einem roten Vorhang verhängt war, machte er immerfort kleine Verbeugungen, so dass es aussah, als ob er vor- und zurückwippe.

Dieser Vorhang war mit goldenen hebräischen Schriftzeichen bestickt. Sonst gab es im ganzen Raum kein Bild, keinen Schmuck, nur große vielarmige Leuchter mit Kerzen. Von einem seitlichen Rang her schauten die Frauen dem Gottesdienst unten im Raum zu.

Während ich noch das Innere der Synagoge betrachtete, vereinigten sich die Stimmen der Gemeinde mit der des Rabbiners.

Der Gesang wurde lauter und einheitlicher.

Der Rabbiner schritt gemessen zum Vorhang hin.

Ein Synagogendiener zog den roten Samt beiseite.

Darunter erschien eine kleine Tür in der Wand.

Der Rabbiner öffnete die Tür. Er gab den Blick in die Lade frei.

»Die Thora!«, erklärte mir Friedrich.

Die Thora war in einen Umhang gehüllt, mit einer silbernen Krone und einem silbernen Schild verziert.

Der Rabbiner hob sie aus der Lade. In feierlichem Umzug trug er die schweren Rollen durch den ganzen Raum. Überall, wo er vorüberkam, verließen die Gläubigen ihre Plätze. Sie führten ihren Tallith an die Thora und dann zu den Lippen.

»Jetzt kommt die Überraschung!«, verriet mir Friedrich. Er schien sehr aufgeregt.

Herr Schneider zog ihn beruhigend an sich. Er klopfte ihm auf die Schulter und strich ihm über das Haar.

Am Betpult nahm man der Thora die Krone, den Schild und den Umhang ab. Die mächtige handgeschriebene Pergamentrolle wurde auf das Pult gelegt. Nacheinander lud der Rabbiner sieben Männer aus der Gemeinde an sein Pult. Als Letzten rief er Friedrich auf.

Herr Schneider legte Friedrich beide Hände auf die Schultern. Stolz blickte er seinem Sohn in die Augen, dann schickte er ihn zum Rabbiner.

Auch der Rabbiner begrüßte Friedrich viel feierlicher als die übrigen Männer.

»Er ist zum ersten Mal in seinem Leben zum Wochenabschnitt aufgerufen!«, sagte Herr Schneider stolz zu mir. »Nachher darf er auch noch den Prophetenabschnitt lesen.«

Wie die anderen berührte auch Friedrich die Thorastelle, die der Rabbiner ihm wies, mit dem Tallith und küsste den Tallith. Dann sang er die Einleitung. Aber während bei den andern der Vorbeter den eigentlichen Thora-Abschnitt gesungen hatte, übernahm Friedrich den silbernen Stift, führte ihn von rechts nach links die Zeilen entlang und sang seinen Thora-Abschnitt allein.

Nachdem Friedrich seinen Thora-Abschnitt rasch und sicher gesungen hatte, berührte er die letzte Stelle wieder mit seinem Tallith und den Tallith mit dem Mund.

Während die Thorarollen wieder mit ihrem Schmuck versehen wurden, las er aus einem dicken Buch den Propheten-Abschnitt. Dann kehrte er zu uns an seinen Platz zurück. Wie zu Beginn übernahm der Rabbiner wieder die Thorarolle und zog mit ihr durch den Raum. Und wieder drängten sich die Gläubigen zu dem Heiligtum hin.

Der Rabbiner hob die Rolle in die Lade, betete noch vor der Lade und verschloss dann die kleine Tür.

Danach trat der Rabbiner vor die Gemeinde und hielt eine kleine Predigt. Zum ersten Mal, seit ich in der Synagoge war, redete er deutsch. Diese Predigt galt nur Friedrich; sie zeichnete ihn vor allen Anwesenden aus.

Immer wieder schauten einzelne Männer zu Friedrich hin. Sie nickten ihm lachend und Glück wünschend zu.

»Heute, eine Woche nach deinem dreizehnten Geburtstag«, sagte der Rabbiner, »bist du zum ersten Mal in deinem Leben aufgerufen worden vor der Gemeinde einen Abschnitt aus der Thora zu verlesen. Für jeden Juden ist es eine ganz besondere Ehre, die Heilige Schrift verkünden zu dürfen. Der Tag aber, an dem dies zum ersten Mal geschieht, ist ein besonderer Tag. Damit beginnt ein neuer Abschnitt deines Lebens. Fortan bist du allein vor dem Herrn für dein Tun verantwortlich. Bis heute hat dein Vater diese Verantwortung getragen, aber von heute an stehst du als gleichwertiges Mitglied der Gemeinde unter uns. Bedenke das!

Befolge die Gebote des Herrn! Niemand kann dir die Schuld abnehmen, wenn du gegen sie verstößt.

In einer schweren Zeit nimmst du eine schwere Pflicht auf dich. Wir sind von Gott ausgewählt dereinst vom Messias in unsere Heimat zurückgeführt zu werden und das Königtum des Messias aufrichten zu helfen. Aber Gott hat uns auch das schwere Schicksal auferlegt, bis zu jenem Tage verfolgt und gepeinigt zu werden.

Immer wieder müssen wir uns daran erinnern, dass der Herr uns dieses Schicksal bestimmt hat. Wir dürfen und können ihm nicht ausweichen, selbst dann nicht, wenn wir glauben darunter zusammenbrechen zu müssen. Bedenket, die heilige Thora fordert . . .«, und der Rabbiner beendete seine Predigt mit einem Satz in hebräischer Sprache.

Bald danach schloss der Gottesdienst mit einem gemeinsamen Lied.

Ich wartete mit Friedrich und seinem Vater vor der Synagoge. Wie gern hätte ich gefragt! Aber es ergab sich keine Gelegenheit. Alle Männer aus der Synagoge kamen zu uns und beglückwünschten Friedrich. Man konnte ihm den Stolz vom Gesicht ablesen.

Als auch die Frauen die Synagoge verlassen hatten, gingen wir in einem Schwarm von Verwandten und Bekannten nach Hause.

Frau Schneider war schon vorausgelaufen. Sie empfing uns an der Wohnungstür und geleitete alle in das Wohnzimmer. Dort hatte sie ein feierliches Sabbatmahl hergerichtet. Es gab von allem.

Bevor aber das Festmahl begonnen hatte, hielt Friedrich eine Rede, wie ein erwachsener Redner sie hält. »Lieber Vater, liebe Mutter, liebe Verwandte«, fing er an. »Der Herr hat uns befohlen, wir sollen Vater und Mutter ehren, damit wir lange in seinem Lande leben, das er uns geschenkt hat. Er möge mir verzeihen, wenn ich seinem Gebot bisher nicht genügend gefolgt bin.

Dreizehn Jahre, durch gute und schlimme Zeiten, liebe Eltern, habt ihr mich aufgezogen und geführt im Gebot des Herrn. Euch und allen, die euch beigestanden haben, verdanke ich es, dass ich heute in die Gemeinde aufgenommen worden bin. Durch mein Denken und Handeln will ich mich dieser Ehre und Pflicht würdig erweisen.

Möge euch, liebe Eltern und Verwandte, der Herr einhundertundzwanzig Jahre eines gesunden und frohen Lebens schenken, damit ich die Zeit finde, den Dank abzutragen, den ich euch schulde . . .«

Frau Schneider weinte.

Herr Schneider blickte vor sich auf den Boden. Zerstreut kramte er in seiner Jackentasche.

Als Friedrich endete, klatschten ihm alle Beifall.

Sein Vater überreichte ihm eine Armbanduhr. Auch die anderen Gäste brachten Geschenke.

»Du«, fragte ich Friedrich leise, »woher kannst du das alles, das Hebräische und die Rede?«

Friedrich lächelte stolz: »Gelernt! Meinen Thora-Abschnitt und die Rede habe ich fast drei Monate üben müssen.«

Ich staunte.

Friedrich genoss meine Verwunderung. »Soll ich dir sagen, was Friedrich auf Hebräisch heißt?«, fragte er mich.

Ich nickte.

»Salomon!«, verriet Friedrich lachend.

Während wir aßen, klingelte es.

»Wer wird denn jetzt noch kommen?«, fragte Frau Schneider erschreckt. Sie ging zur Tür und öffnete.

Lehrer Neudorf trat ein. Er wünschte Friedrich zu seinem Festtag alles Gute. Dann schenkte er ihm einen Füllfederhalter. In der Kappe war Friedrichs Name mit Goldbuchstaben eingraviert.

Begegnung

Unser Sportlehrer hieß Schuster. Er war auch SA-Füh-
rer und im Krieg von 1914 bis 1918 war er Hauptmann
gewesen. Alle, die ihn kannten, fürchteten seine
Strenge. Wenn bei ihm jemand nicht gehorchte oder
sich zu langsam umkleidete, ließ er ihn Kniebeugen
machen, bis er umfiel. Wir Schüler gingen ihm aus dem
Wege, wenn wir ihn zeitig genug bemerkten. Die
sportliche Ausbildung, die Lehrer Schuster uns zuteil
werden ließ, bestand hauptsächlich aus Märschen, Eil-
märschen, Gepäckmärschen und was es sonst noch alles an Märschen gab.

Eines Tages kam er vor der Turnstunde, es war eine
Doppelstunde, in unsere Klasse. »Die Pause fällt heute
aus!«, verkündete er. »Frische Luft werdet ihr heute
noch genug bekommen; wir machen einen Gewalt-
marsch.«

Unsere Gesichter wurden lang. Aber niemand wagte
zu widersprechen; nicht einmal Karl Meisen, der sich
bei einem Mutsprung in der letzten Turnstunde den
Fuß verstaucht hatte.

»Alles macht die Taschen und Ranzen leer!«, befahl
Lehrer Schuster. »Die Hefte und Bücher kommen unter das Pult!«

Gehorsam räumten wir aus und verstauten die Sachen, wie uns befohlen war.

»Auf dem Schulhof in Linie zu einem Gliede angetreten, der Flügelmann steht drei Schritte von der

Kastanie. Taschen und Ranzen mitnehmen! Marsch, marsch!«, schallte es durch den Klassenraum.

Wir ergriffen unsere Taschen und Ranzen. Wie irr rasten wir die Treppe hinab, um nur nicht zu spät zu kommen. Lehrer Schuster stand schon unten.

Wir suchten unsere Plätze im Glied.

»Angetreten, habe ich gesagt!«, schrie er uns an. »Das heißt ›Stillgestanden‹!« Er holte tief Luft: »Alles an die Mauer, marsch, marsch!«

Wir stürzten auf die Mauer zu. Aber noch ehe wir sie erreicht hatten, brachte uns ein »Achtung!« zum Stehen. Wir mussten nochmals antreten und wieder zur Mauer laufen und wieder antreten. Dann rückten wir in Reihe zum Eingang der Turnhalle.

Bei der Turnhalle lagerten Ziegelsteine, die irgendein Bauunternehmen einmal vergessen hatte. Diese Ziegelsteine füllte Lehrer Schuster uns in Ranzen und Taschen.

»Meine Tasche ist größer als die der anderen«, meldete Franz Schulten, »die anderen haben nur zwei Steine bekommen!«, beklagte er sich, als Lehrer Schuster ihm drei Ziegel einpackte.

Lehrer Schuster legte ihm noch einen Stein dazu.

Während sonst die Taschenbesitzer geringschätzig auf die Ranzenträger herabblickten, beneideten sie diesmal alle, die noch ihren Ranzen auf den Rücken schnallen konnten. Wir stellten uns in Marschkolonne auf und marschierten los.

In unserem Schulbezirk, wo die Eltern noch zuschauen konnten, ließ Lehrer Schuster uns ein Lied singen. Welches Lied zu singen war, gab er an: »Siehst du im Osten‹ . . . Zweite Strophe!«

Als der Letzte in der Marschkolonne »Durch!« schrie, brüllte die erste Rotte ihr »Drei – vier!«.

> »Viele Jahre zogen dahin,
> geknechtet das Volk und betrogen.
> Verräter und Juden hatten Gewinn,
> sie forderten Opfer – Legionen.
> Im Volk uns geboren
> erstand uns ein Führer,
> gab Glaube und Hoffnung
> an Deutschland uns wieder.
> Volk, ans Gewehr, Volk, ans Gewehr!«

Mit den schweren Steinen im Gepäck verbrauchten wir singend unsere letzte Puste. Doch kaum hatten wir den Schulbezirk verlassen, als es im Geschwindmarsch weiterging.

Wir umkreisten die halbe Stadt.

Nach eineinhalb Stunden schleppten wir uns keuchend wieder in unseren Schulbezirk zurück. Franz Schultens Taschengriff war abgerissen; Franz Schulten trug seine ziegelbeschwerte Tasche auf der Schulter. Seine Jacke war nass von Schweiß.

Karl Meisen mit seinem verstauchten Fuß war weinend auf der Strecke geblieben. Wir Übrigen konnten kaum noch gerade gehen.

Lediglich Lehrer Schuster schritt straff und unbeschwert an unserer Seite. Höhnisch lächelte er, wenn er einen von uns humpeln sah.

Da begegnete uns eine andere Schulklasse.

Zuerst konnten wir die andern nicht erkennen, dann entdeckten wir Friedrich. Es war eine Klasse der jüdischen Schule.

Auch Lehrer Schuster hatte Friedrich erspäht. »Jungens!«, sagte er forsch. »Jetzt wollen wir denen da drüben einmal zeigen, was deutsche Jungens sind und was wir zu Wege bringen. Ihr werdet euch doch diesen minderwertigen Juden gegenüber keine Blöße geben. Ich erwarte von euch Haltung! Verstanden?«

Er schritt an der Kolonne entlang und stieß die Übermüdeten zurecht.

Wir rafften unsere letzte Kraft zusammen, richteten uns auf.

Lehrer Schuster befahl ein Lied.

Mit starren Augen marschierten wir steinbeladen, aber gerade an der jüdischen Klasse vorbei und schmetterten:

> »Krumme Juden ziehn dahin, daher;
> sie ziehn durchs Rote Meer.
> Die Wellen schlagen zu,
> die Welt hat Ruh!«

Der Pogrom

Gegen ein Uhr kam ich aus der Schule.

Bei Dr. Askenase lag das Namensschild verbogen vor der Tür. Der Fensterrahmen des Behandlungszimmers hing am Rollladengurt über dem Kellerloch. Jemand hatte das ganze Arztbesteck auf die Straße geworfen. Der Gestank der zerschlagenen Medizinflaschen verpestete die Gegend. Im Kanal steckte ein zerhacktes Rundfunkgerät.

Schon von weitem konnte ich sehen, dass beim Laden von Abraham Rosenthal, dem kleinen Juden mit dem Spitzbart, die Glassplitter bis fast zur Fahrbahnmitte verstreut waren. Auf dem Gehsteig türmten sich Verkaufstisch und zerbrochene Regale wie ein Berg Gerümpel.

Der Wind trieb schmutzige Papierbogen gegen die Hauswand.

Einige Erwachsene stöberten mit den Füßen zwischen den Sachen. Manchmal bückten sie sich rasch und ließen etwas in der Tasche verschwinden.

Ich schaute in den kleinen Kellerladen hinein. Von den Wänden flatterten zerfetzte Tapeten. Kniehoch war der Fußboden mit zerrissenem Buntpapier, verdorbenen Schreibheften, abgerollten Farbbändern, aufgeblätterten Rechnungsblocks, zerknitterten Glanzbildern, verschmierten Ausschneidebogen, bunten Zuckerstangen und schwarzem Negergeld übersät.

An der nächsten Ecke begegnete ich einem Trupp

von fünf Männern und drei Frauen. Sie waren mit Brecheisen bewaffnet, trugen Schlägermützen und Kopftücher. Schweigend strebten sie dem jüdischen Lehrlingsheim zu.

Viele Neugierige folgten.

»Das war auch nötig, dass sie es denen einmal geben«, sagte ein kleiner Mann mit Brille. »Die haben es schon lange verdient. Denen gönne ich es. Hoffentlich vergessen sie keinen!«

Auch ich schloss mich dem Trupp an.

»Heute wirst du etwas erleben, Junge«, sagte der kleine Mann, »davon kannst du deinen Enkelchen noch erzählen.« Vor dem jüdischen Lehrlingshaus hielt die Gruppe an. Zunächst schienen alle nur so herumzustehen. Dann begann ein Murmeln und Beratschlagen. Schließlich trat einer von den Männern einen Schritt vor.

»Aufmachen!«, brüllte er zu den oberen Stockwerken des Lehrlingsheims empor.

Aber nichts regte sich, kein Fensterflügel öffnete sich, nicht einmal ein Vorhang bewegte sich. Das Haus lag tot.

Noch ein zweites Mal grölte der Mann seinen Befehl gegen die geschlossenen Fenster.

Wir alle starrten das Gebäude voller Spannung an. Ich war ganz aufgeregt. Was würde geschehen? Nichts?

Eine von den Frauen beschimpfte das Judenhaus.

Ich konnte nicht verstehen, was sie wollte, weil ihre Stimme so schrill klang.

Der Mann kümmerte sich nicht um das Geplärr. Mit schweren Schritten stiefelte er der Tür zu. Er drückte auf die Klinke, aber die mächtige Eichentür war verschlossen.

Drei, vier Schritte ging er zurück – ein kurzer Anlauf – mit dem Rücken warf er sich gegen die Füllung. Er wiederholte den Versuch mit größerem Anlauf.

– Nichts!

Nun gesellten sich andere Männer aus der Gruppe zu ihm. Zunächst lief jeder für sich, dann stürzten sie sich gleichzeitig auf die Tür.

Auch Frauen sprangen bei.

Die Schimpferin von vorhin blieb stehen; sie feuerte die anderen an. Erst redete sie nur, dann gellte ihr »Hau – ruck – Hau – ruck« durch die Straße.

Und im Takt der Rufe stemmten sich Männer und Frauen gegen die Tür.

Auch aus dem Kreis der Umstehenden beteiligten sich immer mehr. Aufgestachelt von der Frau stimmten die anderen nach und nach in das »Hau – ruck« mit ein.

Da war es, da ertappte ich mich selber dabei, dass ich »Hau – ruck« rief. Und mit jedem Ruf rückte ich den Arbeitenden ein wenig näher. Auf einmal schob ich mit und wußte nicht, wie ich dorthin gekommen war. Ich entdeckte, dass niemand mehr drüben zuschaute.

Alle machten mit.

Nur ganz langsam gab die Tür nach. Als sie schließlich aufbrach, hatte niemand damit gerechnet.

Die Vordersten flogen ins Haus. Die Nächsten stolperten über Trümmer hinweg. Der Rest drängte nach.

Auch mich riss es mit. Als ich drinnen zum ersten Mal stehen blieb und mich umschaute, krachte und bumste es schon von überall her. Während ich mit meiner Schultasche die Treppe hochstieg, sausten neben mir Nachtschränke durch den Treppenschacht abwärts und zerbarsten unten.

Das alles war so seltsam erregend.

Niemand verhinderte die Zerstörung. Von den Hausbewohnern war keiner zu sehen: leere Flure, leere Räume.

In einem Schlafraum hockte die Schimpferin. Mit einem Kartoffelmesser schlitzte sie Matratzen auf. Aus einer Wolke von Staub lächelte sie mir zu. »Kennst du mich nicht mehr?«, fragte sie quäkend.

Ich überlegte, dann verneinte ich.

Sie lachte laut auf: »Jeden Morgen bringe ich euch die Zeitung!« Mit dem Handrücken wischte sie sich über das Gesicht. Dann wirbelte sie die zerschlitzte Matratze aus dem Fenster. »Komm, hilf mir!«, forderte sie mich auf.

Ein älterer Mann war an einen Werkzeugschrank geraten. Er stopfte sich alle Taschen voll. Mir drückte er einen Hammer, einen ganz neuen Hammer in die Hand.

Zuerst spielte ich nur mit dem Hammer. Ohne darauf zu achten schwang ich ihn aus dem Handgelenk einmal hin, einmal her. Irgendwo stieß ich dabei an –

eine Scheibe zerklirrte unter meinem Schlag. Sie gehörte zu einem zerbrochenen Bücherschrank.

Ich erschrak. Aber gleich darauf erwachte meine Neugier; zart klopfte ich gegen eine bereits geplatzte Scheibe; scheppernd fiel sie aus der Fassung. Nun machte es mir bereits Spaß. Gegen die dritte Scheibe hieb ich so fest, dass die Splitter spritzten.

Nun bahnte ich mir mit dem Hammer den Weg durch die Flure. Was mir den Weg versperrte, schlug ich beiseite: Stuhlbeine, umgestürzte Schränke, Glas. Ich fühlte mich so stark! Ich hätte singen können, so berauschte mich die Lust, mit meinem Hammer zu wirken.

Ich fand die Tür zu einem kleinen Unterrichtsraum, den vor mir anscheinend noch niemand heimgesucht hatte. Neugierig schaute ich mich um. Am liebsten hätte ich dabei vor mich hin gegrölt.

Beim Umdrehen stieß ich mit meiner Schultasche gegen eine Reißschiene. Sie fiel vom Pult. Ich beachtete es nicht und trat darauf. Mit lautem Knall zerbrach sie. Das klang wie ein Schuss.

Ich stutzte.

An der Wand hingen noch viele Reißschienen, große und kleine.

Ich nahm eine andere und wiederholte das Knallen.

Diesmal tönte es tiefer.

Eine Reißschiene nach der anderen bog ich durch, bis sie zerbrach. Und ich genoss, dass jede einen anderen Ton gab.

Als ich keine Reißschiene mehr fand, nahm ich meinen Hammer wieder vom Pult. Ich trommelte damit auf den Pulten herum und durchsuchte alle Schränke, Schubladen und Fächer im Raum. Aber ich entdeckte nichts mehr, was meiner Zerstörungslust hätte zum Opfer fallen können. Enttäuscht wollte ich den Raum verlassen. Bei der Tür schaute ich mich noch einmal um. An der gegenüberliegenden Wand stand eine große Schultafel. Ich holte aus und schleuderte den Hammer gegen die Tafel.

Er traf sie in der Mitte. Der Kopf blieb stecken. Wie ein Kleiderhaken ragte der helle Stiel aus der schwarzen Fläche. Auf einmal fühlte ich mich müde und ekelte mich. Ich lief heim.

Mutter wartete schon. Sie guckte mich an, sagte aber nichts.

Ich verriet nicht, wo ich mich herumgetrieben hatte.

Mutter holte die Suppe und tischte auf.

Ich begann zu essen.

In diesem Augenblick johlte es vor unserem Haus.

Polternd wurde die Tür aufgestoßen.

Herr Resch schimpfte kläffend.

Lärmend stiegen viele Menschen die Treppe hoch, an unserer Tür vorbei, höher.

Schneiders Tür brach krachend auf.

»Was ist das?«, fragte Mutter blass und entsetzt. »Wir müssen die Polizei rufen!«

»Die Polizei tut nichts, sie schaut zu«, entgegnete ich.

Wir hörten einen Schrei – Frau Schneider!

Dumpf fiel etwas zu Boden.

Eine Männerstimme fluchte.

Friedrich brüllte, dann heulte er verzweifelt.

Ich warf den Löffel hin und rannte zur Tür.

»Bleib hier!«, jammerte Mutter.

Ich stürmte die Treppe empor.

Schneiders Tür pendelte in einer Angel. Die Glasfüllung war ausgesplittert.

In der Küche lag Frau Schneider mit blauen Lippen schwer atmend auf dem Fußboden.

Friedrich hatte eine Beule an der Stirn. Er beugte sich über seine Mutter. Flüsternd redete er ihr zu. Mich bemerkte er gar nicht.

Ein Mann schritt über Frau Schneiders Füße hinweg ohne hinzuschauen. Er kippte einen großen Besteckkasten aus dem Fenster.

Im Wohnzimmer zerschlug eine Frau Porzellanteller.

»Meißner!«, nickte sie anerkennend, als sie mich sah.

Eine andere zerfetzte mit Herrn Schneiders Brieföffner alle Bilder in der Wohnung.

Neben Herrn Schneiders Bücherschrank stand ein dunkelhaariger Riese. Band für Band nahm er vom Bord. Jedes Buch packte er bei den Einbanddeckeln und riss es in der Mitte auseinander. »Mach das mal nach!«, lachte er prahlend.

In Friedrichs Zimmer versuchte ein Mann das Bettgestell als Ganzes durch das Fenster zu schieben. »Komm«, forderte er mich auf, »tu mit!«

Ich schlich wieder hinunter.

Mutter spähte zitternd durch einen Türspalt. Ängstlich zog sie mich in die Wohnung. Sie schob mich schweigend in das Wohnzimmer.

Wir stellten uns an das Fenster und blickten auf die Straße. Über uns tobte und stampfte es noch immer.

»Juda verrecke!«, kreischte eine Frau draußen; es war unsere Zeitungsfrau.

Ein Sessel rauschte am Fenster vorbei und plumpste in die Rosenstöcke des Vorgartens.

Da begann Mutter laut zu weinen.

Ich weinte mit.

Der Tod

Mutter schreckte hoch und auch ich wurde wach. »Du, horch!«, weckte sie Vater.

Verschlafen gähnte Vater. »Was ist denn los?«, fragte er.

»Jemand hat an unsere Tür geklopft«, sagte Mutter furchtsam.

»Du wirst geträumt haben«, beruhigte Vater sie und drehte sich zur anderen Seite.

»Nein, sicher nicht«, beharrte Mutter, »ich habe es ganz deutlich gehört.«

Noch ehe Vater geantwortet hatte, klopfte es wieder zaghaft an unsere Wohnungstür.

Sofort sprang Vater aus dem Bett: »Nanu! Wie spät ist es?« Mutter schaute nach dem Wecker: »Halb zwei.«

Vater schlüpfte in die Hausschuhe. Er warf einen Mantel über und schlurfte zur Tür. Ohne Licht zu machen öffnete er einen Spalt.

Draußen im Dunkeln stand Herr Schneider. Er war vollständig angekleidet. »Verzeihen Sie«, flüsterte er, »meiner Frau geht es sehr schlecht. Wir haben kein Licht; die Kerze, die wir brennen, leuchtet zu schwach. Können Sie uns bitte eine Tischlampe leihen?«

Vater machte die Tür vollends auf. »Selbstverständlich, Herr Schneider!«, versicherte er. Aus dem Wohnzimmer holte er die Tischlampe und gab sie Herrn Schneider.

Herr Schneider bedankte sich. »Es tut mir sehr Leid, dass ich Sie in der Nacht habe stören müssen.«

Vater schüttelte den Kopf. »Ist schon gut!«, wehrte er ab. Leise schloss er die Tür hinter Herrn Schneider und ging wieder zu Bett.

»Die Aufregung!«, hörte ich Mutter überlegen. »Ob ich mich nicht um Frau Schneider kümmern sollte?« Aber dann legte sie sich doch wieder nieder.

Kaum war ich eingeschlafen, als es wieder klopfte.

Diesmal erhob sich Vater gleich, um Herrn Schneider zu öffnen.

Herr Schneider brachte einen andern Herrn mit.

114

»Das ist Dr. Levy!«, stellte er vor. »Wir haben eine Bitte.«

Dann sprach der Arzt: »Ich muss Frau Schneider eine Spritze geben. Diese hier habe ich erst heute Nachmittag im Schmutz wieder gefunden und konnte sie noch nicht auskochen. Bei Schneiders gibt es keine Feuerstelle mehr.«

Mutter warf schnell ein Kleid über. Auch ich zog mich an.

In der Küche kochte Mutter in einem großen Kochtopf die alte Glasspritze aus.

Verlegen lächelte der Arzt. Er zeigte auf die Spritze. »Das ist die einzige, die ganz geblieben ist.« Als er sah, dass das Wasser noch nicht siedete, bat er: »Ich darf inzwischen vielleicht schon zur Patientin gehen.«

Mutter nickte. Als das Wasser wallte, nahm sie den Topf vom Feuer. »Du bringst den elektrischen Heizofen mit!«, befahl sie mir. Mit Topflappen trug sie den heißen Topf zu Schneiders hoch.

Ich folgte mit dem Heizofen.

Die zertrümmerte Tür lehnte an der Wand, so dass man ungehindert die Wohnung betreten konnte. Drinnen war es finster. Man musste sich mit kleinen Schritten vortasten. Nur aus dem Schlafzimmer fiel ein dünner Schein in die übrigen Räume.

Weil alle Türen fehlten, räusperte Mutter sich hörbar.

Herr Schneider kam ihr entgegen und führte sie in das Schlafzimmer.

Dort sah es wüst aus. Die zersplitterten Teile des

früheren Bettgestells waren auf den Kleiderschrank gestapelt. Der Kleiderschrank selber hatte keine Türen mehr. Sie waren auch überflüssig, denn er enthielt nichts mehr. Im ganzen Raum gab es nur Trümmer. Sie waren an die Wände geräumt. Den freien Fußboden hatten die Schneiders sauber gekehrt. In der Mitte, auf einem Lager aus Lumpen, zerfetzten Vorhängen und zerrissenen Decken, ohne Bettwäsche, ruhte Frau Schneider. Die Tischlampe stand am Boden. Sie strahlte ein warmes Licht auf das verkrampfte Gesicht.

»Aber das geht doch nicht!«, stieß Mutter entsetzt hervor. »Kommen Sie, Herr Schneider, wir tragen Ihre Frau in unsere Wohnung!«

»Dafür ist es zu spät!«, murmelte Dr. Levy, während er die Spritze fertig machte.

Herr Schneider stand im Schatten. Man konnte sein Gesicht nicht erkennen. Friedrich kniete neben seiner Mutter und flößte ihr etwas aus einer zerbrochenen Tasse ein.

Der Wind, der durch die zertrümmerten Fenster wehte, ließ die zerschnittene Leinwand eines Bildes leicht flattern.

Mutter winkte mir, ich solle den Heizofen einschalten. Die einzige Steckdose aber war von der Tischlampe besetzt. Während Frau Schneider ihre Spritze erhielt, holte ich aus unserer Wohnung einen Doppelstecker.

Als ich das Schlafzimmer wieder betrat, war Frau Schneider noch bei Bewusstsein.

116

»Bekennen Sie Ihrem Mann Ihre Sünden!«, sagte Dr. Levy zu ihr.

»Höre, erleichtere dich!«, bat Herr Schneider.

Frau Schneider nickte kaum merklich.

Der Arzt führte Friedrich und mich aus dem Zimmer.

Mutter folgte uns.

Ich sah noch, wie Herr Schneider sich über seine Frau beugte.

»Herr Doktor! Friedrich!«, rief es gleich darauf flehend aus dem Schlafzimmer.

Sofort eilten der Arzt und Friedrich hinüber.

Mutter und ich gingen langsam nach.

Von der Tür aus blickte ich in den Raum. Dr. Levy lag auf dem Bauch neben Frau Schneider. Ganz vorsichtig erhob er sich und suchte nach seinem Hut. Als er ihn gefunden hatte, setzte er ihn auf.

Das Gesicht von Frau Schneider war ganz dunkel. Ihr Atem jagte kurz. Sie bäumte sich auf ihrem Lager. Der Kopf flog hin und her. Sie stöhnte. Ihre Hände krampften sich in die Brust.

In dem seltsam singenden Tonfall begann Dr. Levy plötzlich zu beten:

»Höre, Israel, der Herr ist unser Gott,
der Herr ist einzig!«

Mutter faltete die Hände.

Auch Herr Schneider und Friedrich bedeckten den Kopf. Dann stimmten sie ein:

»Gelobt sei der Name seiner Herrlichkeit
immer und ewig.

Gelobt sei der Name seiner Herrlichkeit
immer und ewig.
Gelobt sei der Name seiner Herrlichkeit
immer und ewig!«

Zuletzt betete Herr Schneider verzweifelt allein weiter:
»Gott allein ist des Weltalls Herr!
Gott allein ist des Weltalls Herr!«
Und immer wieder, leiser, murmelnd:
»Gott allein ist des Weltalls Herr . . .«
Frau Schneider lag wieder still.
Dr. Levy beugte sich über sie. Als er sich aufrichtete,
zuckte er mit den Schultern. Mit Herrn Schneider und
Friedrich zusammen sang er:
»Gelobt seist du, Richter der Wahrheit!«
In diesem Augenblick stürzte Herr Schneider vor
dem Lager seiner Frau auf die Knie. Mit beiden Hän-
den fasste er in seinen Kragen und zerriss sein Hemd.
Schluchzend brach er zusammen.
Auch Friedrich zerfetzte sein Hemd. Weinend warf
er sich über die Mutter.
Dr. Levy nahm eine Kerze aus seiner Tasche und
entzündete sie neben der Toten.

Lampen

Herr Schneider hatte die zertrümmerte Wohnungstür wieder herrichten lassen. Alles musste er selbst bezahlen, sogar die verdorrten Rosenstöcke in Herrn Reschs Vorgarten. Sie hatten darunter gelitten, dass ganze Schubfächer mit Inhalt auf sie gekippt worden waren.

Ich klingelte.

Schlurfende Schritte näherten sich. Misstrauisch blickte Herr Schneider durch einen Spalt. Als er mich erkannte, horchte er ins Treppenhaus, öffnete blitzschnell und riss mich in die Wohnung. Erst drinnen, nachdem er die Tür wieder geschlossen hatte, begrüßte er mich.

»Ich wollte Ihnen nur einen Brief geben, der versehentlich zwischen unsere Post gekommen ist«, sagte ich.

Herr Schneider nickte schweigend. Als er den Brief entgegennahm, zitterten seine Hände. Die Hände waren schmutzig. Herr Schneider sah es und rieb sie an der geblümten Schürze ab, die er umgebunden hatte. Sein »Danke« war kaum zu verstehen.

Wir standen unschlüssig auf dem Flur. Herr Schneider schaute auf seinen Brief, aber er riss ihn nicht auf. Ich wäre am liebsten gegangen.

»Ist Friedrich nicht zu Hause?«, erkundigte ich mich.

»Er arbeitet«, antwortete Herr Schneider und wies auf die Küche. Müde leitete er mich dorthin und schob mich hinein; den Brief trug er noch immer in der Hand.

Die Küche sah aus wie ein Lampengeschäft. Überall lagen, standen, hingen Lampen, auf der einen Seite die schmutzigen, verbogenen, zerbrochenen, auf der anderen blanke, gerade, die fast wie neu aussahen.

Mitten dazwischen saß Friedrich am Küchentisch. Vor ihm griffbereit, ordentlich ausgerichtet, waren Drahtrollen, Leimtopf, Farbtopf, Putzmittel, Birnen verschiedener Stärken aufgebaut. Mehrere Schraubenzieher, Zangen und Messer steckten vorn in der Schürze, denn ebenso wie sein Vater hatte auch Friedrich eine Küchenschürze um.

»Was treibst du denn?«, fragte ich dumm.

»Du siehst doch, wir flicken Lampen!«, lächelte Friedrich.

Auch Herr Schneider setzte sich wieder an den Tisch. Mit einem Putzlappen begann er eine der verrosteten Lampen zu säubern. Während ich mich mit Friedrich unterhielt, hockte er gebeugt auf seinem Schemel und blickte nicht von seiner Arbeit auf.

»Wenn mein Vater nicht mehr arbeiten darf«, erklärte Friedrich, »dann muss ich ja wohl für uns sorgen. Vater holt von allen Bekannten alte Lampen zusammen und dann machen wir sie hier wieder zurecht.« Ich guckte mich noch immer staunend um.

Mit wenigen Griffen schraubte Friedrich eine Stehlampe auseinander. Sachkundig überprüfte er das Kabel, untersuchte den Anschluss an die Fassung, zog ein

Schräubchen an, setzte alles wieder zusammen, schraubte eine neue Birne ein, knipste probehalber an, nickte zufrieden und stellte das Stück beiseite. Eine Wandleuchte reichte er dem Vater zurück. »Die müssen wir noch besser putzen!«, sagte er freundlich.

»Unsere Kunden wollen gute Arbeit!«, erläuterte er zu mir gewandt. »Wenn man mit uns zufrieden ist, dann empfiehlt man uns weiter. Je mehr Lampen wir bekommen, desto besser ist es.« Nach einer Pause fragte er: »Kennst du niemand, für den wir arbeiten könnten? Wir arbeiten billig.«

»Ich will mich umhören!«, versicherte ich.

Mir gefiel es nicht in der kalten Küche. Sie war so leer. Herr Schneider und Friedrich schienen mir so verwandelt. Diesen Friedrich kannte ich gar nicht. Ich wollte gehen, da trat ich auf den Brief. Er war noch ungeöffnet.

»Herr Schneider, Ihr Brief!«, erinnerte ich und reichte ihn Friedrichs Vater hin.

»Gib her!«, forderte Friedrich mich auf.

Und weil Herr Schneider den Brief nicht entgegennahm, überließ ich ihn Friedrich.

Er riss den Umschlag auf. Mit seinen schmutzigen Fingern zerrte er den Brief heraus und las. Plötzlich wurde sein Gesicht ganz anders. Mit großen, hilflosen Augen starrte er seinen Vater an. Es klang verzweifelt, als er sagte: »Herr Resch hat uns gekündigt.«

Herr Schneider erhob sich. Er zog Friedrichs Kopf an sich und streichelte ihm über das Haar. »Es ist schwer, Junge«, tröstete er, »mach dir keine Sorgen. Solange er keine andere Wohnung für uns nachweist, kann uns nichts geschehen.«

Klein wie ein Kind saß der vierzehnjährige Friedrich hinter dem Küchentisch und weinte.

Herr Schneider fasste mich bei der Schulter und brachte mich zur Tür. Bevor er mich hinausließ, lauschte er wieder ins Treppenhaus. Er drückte mir die Hand und ich durfte gehen. Eben wollte ich abwärts steigen, als Herr Schneider mir nachschlich. »Besuche uns bitte bald wieder!«, flüsterte er. Und dann, noch leiser, flehte er: »Verrat uns nicht, sonst nimmt man uns alles ab.«

Der Film

›Jud Süß‹ stand in riesengroßen Buchstaben über dem Eingang. Zu beiden Seiten der Schrift waren bärtige Judenköpfe mit Schläfenlocken abgemalt. Der Film lief schon in der achten Woche. Schulklassen und Polizeieinheiten marschierten geschlossen hinein. Jeder sollte ihn gesehen haben. Und weil der Krieg die meisten anderen Vergnügen einschränkte, blieb der Film als wichtigste Unterhaltung. Ein Film aber, über den so viel geredet und geschrieben wurde, lockte jeden.

Friedrich erwartete mich vor dem Schaufenster des kleinen Seifengeschäftes. Man hatte mich einmal in der

Hitler-Jugend zurcchtgewiesen, weil ich mit einem Juden verkehre; seitdem trafen wir uns nur noch an Orten, wo wir nicht zu befürchten brauchten Bekannten zu begegnen.

»Ich habe mir die Bilder angeschaut«, sagte Friedrich. »Ich bin wirklich froh, dass du mich mitnimmst. Allein hätte ich es nicht gewagt.«

Während Friedrich die Besprechungen las, die in den Schaukästen ausgehängt waren, ging ich zur Kasse. Unter der Preistafel leuchtete ein Schild: »Zutritt für Jugendliche unter vierzehn Jahren verboten.« Ich löste zwei Eintrittskarten. Manchmal musste man den Ausweis schon an der Kasse vorzeigen. Die Jugendlichen unter vierzehn Jahren ließ man erst gar nicht in den Saal. Aber diesmal verlangte niemand meinen Ausweis. Und das war es doch, wovor Friedrich sich so fürchtete. Wir waren zwar beide schon fünfzehn Jahre alt, aber Friedrich besaß nur den Juden-Ausweis.

»Hast du sie bekommen?«, fragte er mich flüsternd und schaute sich dabei vorsichtig um.

Ich nickte. Mit beiden Karten in der Hand schlenderte ich langsam und scheinbar sicher zum Einlass hin.

Friedrich folgte mir. Aber er hielt sich immer so, dass ich ihn der Platzanweiserin gegenüber verdeckte, die die Karten prüfte. Aber auch diese Einlasserin bat nicht um den Ausweis. Sie blickte uns nicht einmal an. Eintönig murmelte sie ihr »Bitte links« und ließ uns eintreten.

Im Vorraum atmete Friedrich hörbar auf. »Mir ist gar nicht wohl zu Mute bei dieser dummen Pfuscherei. Aber ein solcher Film ist doch wichtig für mich.«

Wir betraten den halbdunklen Saal. Eine andere Platzanweiserin empfing uns und leitete uns zu unserer Reihe.

Friedrich bedankte sich sehr höflich.

Die Platzanweiserin lächelte freundlich.

Es war noch früh. So fanden wir einen guten Platz, mitten in der Reihe, genau vor dem Vorhang. In den übrigen Reihen saßen erst wenige Zuschauer.

Aber Friedrich guckte sich erst nach allen Seiten um, bevor er sich auf seinem Klappsessel niederließ. Dann streckte er die Beine von sich und genoss das bequeme Sitzen. »Polster«, stellte er anerkennend fest und strich über seinen Klappsitz. Inzwischen war eine neue, ältere Platzanweiserin in den Saal gekommen. Sie übernahm den Eingang, den wir benutzt hatten. Die andere, jüngere Platzanweiserin wechselte auf die andere Seite hinüber. Dazu wählte sie unsere Reihe. Friedrich sprang auf, um die Platzanweiserin durchzulassen.

Wieder lächelte sie und nickte dankbar.

»Heute werde ich zum ersten Mal wieder einen Film sehen, seit meine Mutter tot ist«, sagte Friedrich leise. »Und was für einen Film! Ich bin froh, dass meine Mutter nicht miterlebt hat, was in den beiden letzten Jahren geschehen ist. Es geht schlecht zu Hause, aber nicht bloß, weil Krieg ist.«

Allmählich füllte sich der Saal. Rechts und links von

uns wurden die Plätze besetzt. Um diese frühe Nach-
mittagszeit besuchten viele Jugendliche den Film. Die
Platzanweiserinnen schlossen die Türen. Alles wartete
auf das Verlöschen des Lichts.

Da flammte plötzlich die große Deckenbeleuchtung
auf. Durch den Lautsprecher sagte eine Stimme an:
»Wir bitten alle Jugendlichen ihre Ausweise bereitzu-
halten.«

Die beiden Platzanweiserinnen begannen, eine von
vorn, eine von hinten, die Reihen durchzugehen. Sie
warfen einen kurzen Blick auf die Ausweise der Jugendlichen. Zwei, drei schickten sie aus dem Saal. Alles
vollzog sich sehr rasch und ruhig.

Friedrich war blass geworden. Unruhig rutschte er
auf seinem Platz hin und her. Er beobachtete die Platzanweiserin, dann wieder spähten seine Augen unsere
Reihe entlang.

»Worüber regst du dich so auf?«, beschwichtigte ich.
»Sie überprüfen doch nur, ob wir auch vierzehn Jahre
alt sind. Lass mich nur machen; du brauchst deinen
Ausweis nicht zu zeigen.«

Aber Friedrich benahm sich immer auffälliger.

Die Umsitzenden guckten uns an.

Es war mir peinlich.

Schließlich beugte sich Friedrich zu mir herüber.
Wie ein kleines Mädchen tuschelte er mir ins Ohr: »Ich
habe dir etwas verschwiegen. Wir Juden dürfen überhaupt keine Filme anschauen. Das ist verboten. Wenn
sie mich entdecken, komme ich fort. Ich muss verschwinden, hilf mir!«

Die ältere Platzanweiserin drängte sich durch die Reihe vor uns. Friedrich zögerte noch.

Die Platzanweiserin näherte sich.

Da sprang Friedrich auf.

»Halt!«, rief die Platzanweiserin.

Friedrich wollte sich durchzwängen.

Die Beine der Reihennachbarn hinderten ihn.

Die Platzanweiserin holte ihn ein. »Das kenne ich!«, rief sie laut in den Saal hinein. »Solange die Ausweise nachgesehen werden, sich verziehen, und sobald es dunkel wird, in den Saal zurückkommen!«

Ich stellte mich neben Friedrich.

»Komm, zeig deinen Ausweis!«, forderte die Platzanweiserin Friedrich auf. »Dann kannst du gehen, wohin du willst!«

»Hier ist er!«, meldete ich mich und reichte ihr meinen hin.

»Mit dir habe ich nicht gesprochen«, lehnte die Platzanweiserin ab, »ich meine den hier.«

»Wir gehören zusammen!«, entfuhr es mir, aber ich bereute es sofort.

Die Platzanweiserin hatte mir nicht zugehört.

Friedrich zitterte. Mit hochrotem Kopf stotterte er: »Ich . . . ich habe vergessen . . .«

Inzwischen war auch die jüngere Platzanweiserin von hinten herangekommen. »Lass doch den Jungen!«, mahnte sie die andere. »Mach doch nicht solches Aufsehen! Es ist Zeit!«

Friedrich bat: »Bitte, ich möchte gehen. Ich gehe freiwillig.«

Grinsend stemmte die ältere Platzanweiserin die Hände in die Hüften. »Da stimmt doch etwas nicht?« »Doch! Doch!«, beteuerte Friedrich.

Blitzschnell griff die Platzanweiserin nach Friedrichs Jackenaufschlag. Sie fasste in die Tasche. »Und was ist das?«, höhnte sie und zog die Hülle mit dem Ausweis hervor.

»Geben Sir mir den Ausweis!«, schrie Friedrich. »Ich will meinen Ausweis!« Er versuchte der Platzanweiserin die Hülle zu entreißen.

Sie aber lehnte sich grinsend zurück, so dass er sie nicht erreichen konnte.

Friedrich gebärdete sich wie toll.

Die jüngere Platzanweiserin bemühte sich ihn zu beruhigen.

Indessen betrachtete die ältere den Ausweis. Sofort wurde ihr Gesicht ernst. Ohne zu zögern gab sie Friedrich den Ausweis zurück. »Komm!«, befahl sie.

Friedrich schob sich durch die Reihe dem Seitengang zu.

Ich blieb hinter ihm.

Alle Blicke folgten uns.

Im Seitengang nahm die ältere Platzanweiserin Friedrich beim Arm und führte ihn aus dem Saal. Vorwurfsvoll sagte sie: »Du bist wohl lebensmüde! Du möchtest wohl in ein Konzentrationslager?«

Hinter uns verlosch das Licht und die Siegesfanfaren der Wochenschau ertönten.

Bänke

Mitten in der Stadt tauchte Friedrich plötzlich auf:

»Hast du Zeit für mich? Ich möchte dir etwas erzählen. Mein Vater kann es nicht verstehen, er hört auch nicht richtig zu. Irgendjemand muss ich es aber sagen, sonst halte ich es nicht mehr aus. Bestimmt, es dauert nicht lange!« – Ohne meine Antwort abzuwarten ging er neben mir her. »Vor ungefähr vier Wochen hat es angefangen. Ich sollte in der Vorstadt ein Pfund Nudeln abholen; das hatte uns ein Bekannter versprochen.

Ich bin an der alten Kirche vorbeigegangen und dann die Straße mit den Bäumen entlang, wo die Straßenbahn links abbiegt. Die Bäume, das sind alles Linden, und die rochen so stark, weil sie gerade blühten.

Bis zu dem roten Ziegelbau war ich schon gekommen. Ich hatte gar nicht auf den Weg Acht gegeben – nur immer so vor meine Füße geguckt. Da sah ich auf einmal vor mir ein Mädchen.

Sie hatte ganz kleine Füße. Lange Zeit bin ich hinter ihr hergelaufen. Ich habe mir genau angeschaut, wie sie die Füße setzt und wie sie das schwere Netz trägt.

Äpfel waren in dem Netz, von der schrumpeligen Sorte. Ich hätte so gern einen gehabt. Wenn einer herausfällt, dachte ich, lässt du ihn verschwinden. Wie ich mir das noch so vorstelle, macht das Netz auf einmal ›knack‹ und der ganze Segen rollt über die Straße.

Das Mädchen dreht sich herum, schlägt die Hände vor den Mund und sagt: ›So ein Mist-Kriegsnetz!‹

Ich habe ihr dann geholfen die Äpfel aufzuheben. Wir haben sie in das Netz gelegt. Aber das Netz ließ sich nicht richtig flicken. Wir haben es dann zusammen bis zu ihr nach Hause getragen.

Sie heißt Helga. Ihr Vater ist Soldat. Sie arbeitet in einem Kindergarten. An ihrem freien Tag war sie auf das Land gefahren und hatte selbst gestrickte Topflappen gegen die Äpfel eingetauscht.

Als wir bei der Haustür angekommen waren, hat sie mich ganz freundlich angesehen und ›Danke schön! Auf Wiedersehen!‹ gesagt. Von den Äpfeln hat sie mir einen geschenkt. Aber ich habe ihn nicht aufgegessen. Ich verwahre ihn immer noch – zur Erinnerung.

Rasch bin ich zu unseren Bekannten gelaufen und habe mir die Nudeln geben lassen. Auf dem Heimweg bin ich dann an dem Kindergarten vorbeigegangen. Dort habe ich gefragt, wann sie abends Schluss machen.

Von da an habe ich jeden Abend beim Kindergarten gestanden und gewartet. Wenn Helga herauskam, bin ich so gegangen, dass sie mich sehen musste. Sobald sie mich anschaute, habe ich sie gegrüßt.

Zuerst hat sie große Augen gemacht. Dann sah sie noch schöner aus! Ich habe nachts nur noch von Helga geträumt.

Nach einer Woche durfte ich sie dann abends immer bis an die Haustür begleiten. Ich kann dir gar nicht sagen, wie froh ich war! Wir haben nie viel miteinander geredet. Es war so schön, wenn wir bloß nebeneinander hergehen konnten. Manchmal guckte Helga mich dann so von der Seite an. –

Aber Helga wusste nur, dass ich Friedrich Schneider heiße, sonst wusste sie nichts von mir. Ich konnte ihr auch nichts sagen, sonst hätte ich sie doch nicht mehr abholen dürfen.

Zum vorvorigen Sonntag hatten wir uns zum ersten Mal verabredet; wir wollten uns im Stadtgarten treffen. Mein Vater hatte sich schon die ganze Zeit gewundert, warum ich abends immer draußen zu tun hatte. Als er sah, wie ich mich fein machte, da schüttelte er den Kopf und sagte: ›Bedenke, was du tust, Friedrich!‹ Sonst hat er nichts gesagt; still war er und hat sich weggedreht. Ich bin aber doch gegangen.

Es war herrliches Wetter. Die Rosen fingen schon an zu blühen. Der Stadtgarten war ziemlich leer. Nur ein paar Mütter schoben Kinderwagen herum.

Helga hatte ein dunkelrotes Kleid – und dazu die schwarzen Haare und die grauen Augen. Wenn ich sie anguckte, dann spürte ich das richtig innendrin.

Ich hatte Helga so ein kleines Heftchen mit Gedichten mitgebracht. Und sie freute sich so darüber, dass ich mich schämte.

Wir gingen durch den Stadtgarten und Helga sagte Gedichte auf. Sie konnte viele auswendig.

Ich habe immer wieder abgelegene Wege gesucht, wo wir möglichst niemand begegneten. Als wir eine Zeit gegangen waren, wollte Helga sich setzen.

Ich wusste nicht, was ich tun sollte. Ich konnte ihr

das doch nicht abschlagen. Ehe mir noch etwas eingefallen war, kamen wir an eine von den grünen Bänken und Helga setzte sich einfach hin.

Ich stand vor der Bank herum und ich trat von einem Bein auf das andere. Hinzusetzen getraute ich mich nicht. Dauernd guckte ich, ob nicht einer käme.

›Warum setzt du dich nicht?‹, fragte Helga. Aber mir fiel keine Ausrede ein. Als sie dann ›Sitz nieder!‹ sagte, setzte ich mich tatsächlich.

Aber ich hatte keine Ruhe. Wenn ein Bekannter vorbeikäme? Ich rutschte hin und her.

Das fiel auch Helga auf. Sie nahm aus der Tasche einen kleinen Riegel Schokolade und gab mir davon.

Wie lange hatte ich keine Schokolade mehr gegessen. Aber sie schmeckte mir nicht, ich war viel zu aufgeregt. Ich habe sogar vergessen mich zu bedanken.

Helga hatte das Büchlein mit den Gedichten auf dem Schoß liegen. Sie las nicht, sie guckte mich an. Ab und zu fragte sie etwas.

Ich weiß nicht mehr, was ich geantwortet habe, denn ich hatte schreckliche Angst auf der grünen Bank.

Plötzlich stand Helga auf. Sie nahm mich beim Arm und zog mich weiter.

Wir waren noch gar nicht weit gegangen, da kamen wir an eine gelbe Bank, wo draufstand ›Nur für Juden‹.

Helga blieb vor der Bank stehen und fragte mich: ›Bist du ruhiger, wenn wir uns hier setzen?‹

Ich bekam einen Schreck! ›Woher weißt du?‹

Helga setzte sich auf die gelbe Bank und sagte: ›Ich habe es mir gedacht!‹ Ganz einfach und ganz selbstverständlich sagte sie das!

Aber ich konnte doch nicht mit dem Mädchen auf der Judenbank sitzen bleiben. Ich habe Helga hochgezogen und habe sie nach Hause gebracht. Vor Enttäuschung hätte ich laut heulen können. Der schöne Sonntag! Aber ich war viel zu aufgeregt, um noch weiter so einfach Hand in Hand mit ihr gehen und erzählen zu können.

Doch Helga hat den ganzen Weg so getan, als wenn es ganz selbstverständlich wäre, mit einem Juden auszugehen. Sie hat von zu Hause erzählt, von den Kindern im Kindergarten und von den Ferien. Und meine Hand hat sie genommen und ganz fest gehalten.

Vor ihrer Haustür ist Helga dann stehen geblieben. Sie hat mich lange angeschaut. Dann hat sie gesagt: ›Nächsten Sonntag treffen wir uns wieder. Wir gehen aber nicht mehr in den Stadtgarten. Wir fahren nach draußen, in den Wald. Da gibt es keine gelben Bänke!‹

Ich habe es ihr ausreden wollen, aber mittendrin war sie weg, im Haus.

Den Abend und die halbe Nacht bin ich in der Stadt herumgelaufen. Erst lange nach der Sperrstunde bin ich nach Hause gekommen. Zum Glück hat mich niemand geschnappt. Aber Vater hat ziemlich geschimpft.

Die ganze Woche habe ich überlegt, ob ich hingehen soll oder nicht. Aber am Sonntag bin ich dann doch nicht gegangen. Ich kann doch nicht. Das Mädchen kommt doch ins Lager, wenn es mit mir gesehen wird!«

Der Rabbi

Eine Tante hatte uns einen kleinen Sack Kartoffeln geschenkt.

Am Abend half ich Mutter den Schatz zu verstauen und zu verteilen. Ein Spankörbchen mit Kartoffeln blieb für Schneiders übrig.

Mutter lauschte. Als wir oben Schritte hörten, schickte sie mich mit dem Körbchen hinauf.

Ich stieg die Treppe hoch, klingelte und wartete. Weil sich niemand zeigte, läutete ich nochmals. Aber drinnen in Schneiders Wohnung rührte sich nichts.

»Ich hätte geschworen, dass jemand oben ist!«, sagte Mutter. »Wenn wir jemand die Treppe hochgehen hören, versuchst du es noch einmal. Vielleicht wollen sie nur nicht gestört sein.«

Kurz darauf ging Friedrich über die Treppe. Ich kannte seinen Schritt. Rasch nahm ich das Spankörbchen, um ihn auf der Treppe einzuholen. Aber ehe ich ihn erreicht hatte, fiel die Wohnungstür zu. Wieder musste ich hinauf, wieder drückte ich den Klingelknopf, wieder vergeblich. Nach dem dritten Klingeln stellte ich das Körbchen ab und klopfte, denn nun wusste ich, dass jemand in der Wohnung war. »Friedrich!«, rief ich. »Friedrich!«

Endlich öffnete sich die Tür. Aber nicht Friedrich, sondern Herr Schneider stand vor mir. Ärgerlich schaute er mich an; dann zog er mich schnell herein, so schnell, dass ich das Körbchen draußen ließ.

Ich musste noch einmal vor die Tür, um die Kartoffeln hereinzuholen. Wieder im Flur sagte ich: »Wegen der Kartoffeln komme ich, ich wollte sie abgeben.«

Herr Schneider machte noch immer ein unfreundliches Gesicht: »Und deswegen solchen Lärm?«

»Mindestens zehnmal habe ich geklingelt und niemand ist an die Tür gekommen, obwohl man hören konnte, dass jemand in der Wohnung war«, verteidigte ich mich. »Da habe ich geklopft.«

Nun erschien auch Friedrich auf dem Flur. Er nickte mir zu und nahm mir das Körbchen ab. »Warum schimpfst du ihn aus?«, sagte er zu seinem Vater. »Sei froh und dankbar, dass er uns Kartoffeln bringt. Du weißt, wie gut wir sie gebrauchen können.«

Herr Schneider wandte sich von mir ab. »Du hast noch lange kein Recht, in diesem Ton mit mir zu reden!«, fauchte er Friedrich an. »Was fällt dir ein!«

Aber Friedrich schwieg nicht: »Kann ich dafür, dass du den Kopf verlierst, sobald man etwas von dir verlangt?«

Herr Schneider wurde lauter: »Nicht ich bin es, der hier den Verstand verloren hat, sondern du, sonst würdest du nicht so mit deinem Vater sprechen!« Er atmete hastig und erregt. »Wenn du vernünftig wärst, würdest du nicht so brüllen!«, entgegnete Friedrich. »Stell dich doch gleich ans Fenster und schrei es über die ganze Straße, was dich so aufregt.«

Fassungslos, fast weinend antwortete Herr Schneider: »Ja, ich kann nichts dafür, es regt mich auf. Ich habe Angst. Ich sterbe vor Angst!«

Zischend fragte Friedrich: »Möchtest du ihn auf die Straße jagen? Willst du ihn opfern, um dich zu beruhigen? Pfui!« Friedrichs Vater weinte.

Wütend und traurig starrte Friedrich ihn an.

Mich hatten sie anscheinend vergessen.

Da öffnete sich leise die Tür zum Wohnzimmer. Ein alter bärtiger Mann trat heraus. Als er mich im Flur stehen sah, erschrak er. Aber er fasste sich so fort. Ruhig sagte er: »Meinetwegen soll niemand streiten, meinetwegen soll niemand Angst haben. Ich gehe.«

»Nein!«, riefen Friedrich und sein Vater fast gleichzeitig. Herr Schneider stellte sich mit ausgebreiteten Armen vor die Wohnungstür. »Nein, Sie bleiben!«, rief er.

Fast unmerklich schüttelte der alte Mann den Kopf: »Nun ist es zu spät. Er hat mich gesehen!« Dabei deutete er auf mich. Friedrich sprang an meine Seite. »Für ihn bürge ich!«, sagte er. »Er verrät nichts.«

Aber der Bärtige war nicht überzeugt: »Wir haben

allzu viele Mitwisser, das ist nicht gut. Warum soll ich alle in Gefahr bringen? Ich bin alt, ich werde es zu ertragen wissen. Und der Ewige, er sei gepriesen, wird mir dabei helfen.«

Herr Schneider hatte sich wieder gefasst. Vom Flur drängte er den alten Mann, Friedrich und mich in das Wohnzimmer. Dort erst begann er zu reden: »Dieser Herr ist ein bekannter Rabbiner.«

Der Rabbi winkte ab und sprach weiter: »Man sucht mich. Hier bei Schneiders habe ich mich versteckt. Nicht für immer! Freunde wollen mir weiterhelfen.« – Er stellte sich genau vor mich und schaute mich an. – »Du weißt, was mir bevorsteht, wenn man mich fängt? Wenn der Einzige, er sei gelobt, mir gnädig ist, der Tod – sonst unsagbare Leiden! Aber nicht nur mir droht dies, sondern ebenso denen, die mich beherbergt und verborgen haben.

Ich weiß auch«, fuhr der Rabbi fort, »was dir geschehen kann, wenn du uns nicht anzeigst. Es würde schrecklich sein für dich und uns hättest du dann nicht geholfen. Du, du ganz allein musst nun über mein Schicksal entscheiden. Wenn es dir zu schwer wird, die Last zu tragen, so sage es mir, damit wir wenigstens Friedrich und seinen Vater retten. Ich werde dich nicht verfluchen, wenn du mich gehen heißt.«

Herr Schneider, der Rabbi und Friedrich schauten mich an. Sie erwarteten mein Urteil.

Ich wusste nicht, was ich tun sollte. Der Rabbi war für mich ein fremder Mann. Und meine Mutter und mein Vater? Standen sie mir nicht näher als der Jude?

Durfte ich mich und meine Eltern in Gefahr bringen eines fremden Juden wegen? Würde ich mich nie verplappern? Würde ich das Geheimnis ertragen können oder würde ich so darunter leiden wie Herr Schneider?

Je länger ich mit meiner Antwort zögerte, desto drängender wurden die Gesichter der drei.

»Ich weiß nicht, was ich tun soll!«, sagte ich ganz leise. »Ich weiß es nicht!«

Sterne

Es war dunkel im Treppenhaus. Leise klopfte ich das verabredete Zeichen: einmal – lange Pause – zweimal – kurze Pause – dreimal.

Drinnen hörte ich vorsichtige Geräusche. Jemand öffnete eine Tür. Es blieb dunkel. Eine Hand glitt am Türrahmen entlang; das Schloss knackte; zwischen Rahmen und Tür verbreitete sich ein schwarzer Spalt.

Erst als ich meinen Namen flüsterte, ging die Tür weiter auf. Ich schlüpfte durch und wartete im finsteren Flur, bis die Tür wieder leise geschlossen war.

Eine Hand tastete meinen Ärmel ab, fasste mich und zog mich mit.

Ich spürte am Griff: Es war der Rabbi.

Wir schlichen bis zur Wohnzimmertür.

Der Rabbi kratzte an der Türfüllung. Dann schob er die Tür auf.

Auch im Wohnzimmer brannte kein Licht. Erst als der Rabbi und ich im Raum standen, wurde ein Feuerzeug angeschlagen und eine Kerze entzündet.

Das Wohnzimmer wirkte trostlos. Alle Fenster waren dick verhängt. An den Wänden sah man noch die hellen Flecken, wo die Möbel gewesen waren. Auf dem Boden lag eine Bettstatt, aus alten Decken, Matratzen und Lumpen zusammengesucht. Der Tisch in der Mitte des Zimmers schien das einzige noch brauchbare Einrichtungsstück zu sein. Und auf dem Tisch prunkte in einem silbernen Sabbatleuchter die Kerze.

»Wo ist Friedrich?«, fragte ich.

Herr Schneider hinter dem Tisch zuckte mit den Schultern. »Er ist zu Bekannten gegangen!«, antwortete er. »Dort wird ihn die Sperrstunde überrascht haben. Dann bleibt er bis zum Morgen dort.«

Der Rabbi setzte sich wieder. Vom Boden nahm er einen alten Mantel auf. »Du hast bessere Augen. Kannst du mir die Nadel einfädeln?«, bat er mich und reichte mir eine Nadel und ein Stück schwarzen Zwirn.

Während ich mich mühte das Fadenende durch das Öhr zu stecken, sagte der Rabbi: »Es ist nämlich wieder so weit. Wir müssen wieder einen gelben Stern tragen.« Dabei zeigte er mir einen Stoß gelber Sterne, die auf dem Tisch lagen.

Die handtellergroßen gelben Sterne mit schwarzer Umrandung mussten auf der linken Brustseite befestigt werden. Sie hatten die Form des Davidsterns. In der Mitte war, in Schriftzeichen ähnlich den hebräischen, das Wort »Jude« eingewebt.

Herr Schneider erhob sich. Wie von einer Bühne herab verbeugte er sich vor mir. Dann knotete er seinen Schal auf und hängte ihn über den Stuhl. Mit der rechten Hand deutete er auf seine linke Seite. Auf dem Mantel – ein gelber Stern!

Er knöpfte den Mantel auf. Auf der Jacke – ein gelber Stern! Er öffnete die Jacke. Auf der Weste – ein gelber Stern!

»Damals mussten die Juden einen gelben spitzen Hut aufsetzen!«, spottete er. »Diesmal ist es ein gelber Stern. – Wir sind in das Mittelalter zurückgekehrt!«

»Und demnächst«, ergänzte der Rabbi, »demnächst wird man uns vielleicht verbrennen – wie im Mittelalter!«

»Und warum?«, fragte ich.

»Warum?«, wiederholte der Rabbi leise. »Warum? – Im Himmel wird bestimmt, wer erhöht und wer erniedrigt werden soll! Der Herr, sein Name sei geheiligt, hat uns auserwählt vor allen Völkern. Weil wir anders sind, nur weil wir anders sind, deshalb verfolgt und tötet man uns.«

Herr Schneider hatte sich wieder hingesetzt. Mit einer Handbewegung deutete er auf die Kiste, auf der Friedrich sonst immer saß.

Ruhig strich der Rabbi über den Stern, den er so-

139

eben angenäht hatte. Er legte die Nadel beiseite und nahm die Brille ab. Über die blakende Kerzenflamme hinweg blickte er in den dunklen Raum. Leise begann er zu erzählen.

Salomon

Und einstmals geschah es, da traten die Ratgeber vor ihren König. »Herr«, also sprachen sie, »lange schon stehn deine Krieger erwartungsvoll in deinem Dienste und karg ist ihr Sold, weil sie weder in Krieg noch im Aufstande Beute erringen gekonnt. Untätig harren sie, sinnend auf Unrecht! Weise doch ihnen, o Herr, einen Feind, damit nicht das eigene Volk sie bedrängen.«

Sorgsam erwägte der König die Worte und sagte zu ihnen: »Wenn sie der Untaten so sehr bedürfen, erlaube ich ihnen der Juden Verfolgung; drum wählet denn eine der Städte im Lande und selbige mögen von Juden sie säubern. Ein Drittel der Beute gebühret dem König, den Rest aber dürfen sie selbst behalten.«

In selbiger Stadt aber, die sie erwählten, da wohnten drei gläubige Juden: Der Vater hieß Schloime und Gittel sein Weib; Salomon nannten die beiden den Sohn. Und die drei ehrten Gott und befolgten auch seine

Gebote. Gerüchte verrieten den Alten die Pläne des Königs.

Schloime, der Vater, nahm Gittel, die Mutter, beiseite und sprach: »Alt sind wir beide, was nützt uns zu fliehen; wir kommen nicht weit und dann wird man uns fangen und töten. Selbst wenn uns die Flucht auch gelänge, so würden uns Not und die Armut begleiten. Drum lass uns doch alles, was wir noch besitzen, verkaufen. Mit unserem Gelde wird Salomon sicheren Schutz sich erwerben; ein anderes Land wird die Zuflucht ihm bieten; der Friede des Herrn wird ihm dort dann gewährt.«

Und Gittel, die Mutter, die senkte ergeben ihr Haupt zur Entscheidung des Schloime; sie sagte gehorsam: »So handele, wie es dir richtig erscheint: Der Herr ist unendlich und niemand hat je seine Wege erforscht.«

Schloime und Gittel verschleuderten all ihre Habe, die Truhe mit Wäsche, sogar ihre Bettstatt. Sie rüsteten Salomon für seine Reise.

Doch ehe noch Salomon Abschied genommen, erschienen die Krieger des Königs im Orte; die Angst und der Schrecken, die zogen vorauf.

Lärmen erfüllte die Stadt.

Die Knie am Boden, so flehten die Juden um Gnade.

Gier nach der Beute erstickte im Heer das Erbarmen. Die Krieger betraten die Häuser und metzelten nieder, was lebte, entehrten die Toten; sie raubten den Becher von Silber, die Kuh aus dem Stalle; was unnütz und wertlos sie glaubten, zerstörten sie ganz oder ließen es brennen.

Als Schloime und Gittel die Krieger herankommen hörten, versteckten sie Salomon fern der Gefahr und beschlossen dann ihn, der nichts ahnte, zu schützen. So traten sie beide den Kriegern des Königs entgegen.

Doch die Soldaten durchforschten nur lüstern die Häuser nach Schätzen und drohend befahlen sie Schloime die Kammern zu zeigen.

Er führte sie willig vom Keller zum Speicher; er wies ihnen alles, doch nicht das Versteck. »Arm sind wir Alten«, erklärte er ihnen, »nichts mehr besitzen wir außer dem Haus.«

Sie glaubten ihm nicht, doch sie suchten vergebens und fühlten sich schließlich von Schloime genarrt. – Drum zürnten die Söldner und schlugen den Schloime zu Boden. Die Gittel, das Weib, aber stachen sie wütend zu Schanden. Dann liefen sie weiter, um nichts zu versäumen.

Zur Türe hin schleppte der blutende Schloime die schreiende Gittel und sprach mit ersterbender Stimme: »Nur hier ist zu sterben erlaubt uns, nur hier! Und im Sterben noch werden wir Salomon schützen!«

Da nickte die stöhnende Gittel. Mit blutigen Händen das Antlitz bedeckend begann sie erlöschend zu beten: »Der Herr ist allmächtig und seine Geduld währet immer!«, und starb. Auch Schloime, der fühlte das Leben entschwinden. Er legte sich neben sein Weib auf die Schwelle und sperrte den plündernden Horden den Eingang. Und während in Stößen das

Blut von ihm strömte, da betete Schloime mit Tränen zu Gott:

»Herr, mein Herr, warum bist du gegangen?
Ich weine, aber Hilfe ist fern!
Ich rufe bei Tage, ich rufe bei Nacht;
denn du bist heilig, gelobt ist dein Name!
Auf dich schon hoffte mein Vater
und du, du standest ihm bei.
Zu dir flehten alle und wurden errettet.
Ich aber bin nur ein Wurm und kein Mensch . . .«

Mitten in diesem Gebete verschied er; sein Blut floss zur Pfütze mit dem von der Gittel zusammen.

Die Krieger des Königs auf Suche nach Beute bespuckten die Toten, doch niemand versuchte die Schwelle von blutigen Leichen, die Schloime und Gittel gebildet, zu queren.

Salomon hielt sich in seinem Versteck und er blieb so den Augen der Krieger verborgen; im Tode noch schützten die Eltern den Sohn.

Entsetzen und Sterben durchwüteten zwei volle Tage die Stadt. Nur rauchende Trümmer und Hügel von Leichen umsäumten den Weg, den die Söldner gezogen.

Und nach dieser Zeit erst entdeckte der Sohn seine Eltern; er ahnte das Opfer, die Tat der Gerechten, die eigenes Leben gegeben, um seines zu retten. Mit schmerzenden Händen bereitete er seinen Eltern ein Grab. Nach biblischem Brauche mit nackenden Füßen die Toten zu ehren und Trauer zu zeigen, so hockte sich Salomon schweigend für sieben der Tage zur

Erde, um endlich die Heimat zu fliehen, in fernen Gebieten den Frieden zu suchen.

Im Lager erhofften inzwischen die Krieger des Königs bald neue Befehle, die ihnen erlaubten demnächst eine andere Stadt zu verwüsten.

Besuch

Wir alle lagen schon zu Bett, als wir unten im Hause den Lärm hörten.

Mehrere Männer stiegen die Treppe empor zum zweiten Stock. Sie klingelten. Da niemand öffnete, trommelten sie mit den Fäusten gegen die Tür und riefen: »Sofort aufmachen, Polizei!«

In Schneiders Wohnung regte sich nichts.

Vater und Mutter warfen Mäntel über und gingen in den Flur. Ich folgte ihnen.

Zitternd horchten wir hinter der Tür.

»Augenblick, bitte!«, hörten wir Herrn Resch von unten. »Brechen Sie die Tür bitte nicht gewaltsam auf! Ich habe einen zweiten Schlüssel! Ich öffne Ihnen!« Prustend zog sich Herr Resch am Treppengeländer hoch.

»Das Schwein!«, sagte mein Vater.

Oben schloss man die Tür auf. Krachend flog sie zurück. »Hände hoch!«, schrie eine Stimme.

Dann wurde es still. Nur noch schwere Schritte dröhnten über unseren Köpfen.

»Wir gehen hinaus!«, befahl Vater. Zu dritt stellten wir uns auf den Treppenabsatz.

Kurz darauf kam der Erste. Er trug eine Schlägermütze und einen Lodenmantel. »Los, schwirren Sie ab!«, schnauzte er. Vater packte Mutter und mich beim Arm. Wir blieben.

Als Nächster kam der Rabbi. Mit Handschellen hatte man ihn gefesselt. Ein junger Mann führte ihn und lächelte uns an.

Der Rabbi schaute erst Vater, dann mich an und senkte den Kopf.

Zuletzt schritt Herr Schneider die Treppe herab.

Ein kleiner Mann in Stiefelhosen begleitete ihn und hielt ihn bei den Handschellen fest.

Als Herr Schneider meinen Vater sah, sagte er laut: »Sie haben Recht gehabt, Herr . . .«

Da schlug ihm der kleine Mann mit der Faust auf den Mund, dass Herr Schneider torkelte.

Herr Schneider schwieg. Blut trat auf seine Unterlippe. Noch einmal blickte er uns alle an. Ergeben hob er die Schultern und ließ sich von dem kleinen Mann weiterzerren. Oben wurde die Tür abgeschlossen.

»Einer fehlt!«, zeterte Herr Resch. »Sie haben einen vergessen!«

»Den erwischen wir auch noch!«, rief eine helle Stimme. Dann lief ein schlanker Mann die Treppe herab. Er hielt einen roten Aktendeckel in der Hand. Als er uns auf dem Treppenabsatz stehen sah, deutete er mit dem Daumen auf unsere Wohnungstür. »Verschwinden Sie!«, herrschte er uns an.

Nachdem alles vorüber war, ächzte noch Herr Resch die Treppe abwärts. Er war nur im Schlafanzug. Lächelnd rieb er sich die Hände und sagte zu Vater: »Den lästigen Mieter sind wir los! – Und die haben noch einen ganz hübschen Vogel dazu gefangen!«

Vater drehte sich um; er schob uns in die Wohnung und warf die Tür zu, dass die Scheiben klirrten.

Fledderer

In dieser Nacht schlief niemand. Vater wälzte sich unruhig hin und her, Mutter weinte und ich dachte an Herrn Schneider. Obwohl am Morgen niemand das Haus zu verlassen brauchte, standen wir sehr früh auf.

»Wir müssen Friedrich abfangen, wenn er heimkommt!«, sagte Mutter. »Er darf die Wohnung gar nicht erst betreten.«

Vater stimmte zu: »Wir müssen ihn vorbereiten.«

Mutter konnte nicht frühstücken.

Vater trank nur ein wenig Kaffee.

Ich musste mich hinter die Wohnungstür setzen und aufpassen. Mein Frühstück wurde mir dorthin gebracht. Während ich kaute, lauschte ich auf die Geräusche von der Treppe.

Es war sehr unruhig draußen. Türen klapperten, ich hörte Schritte.

Aber das war nicht Friedrichs Tritt.

Nachdem ich alles aufgegessen hatte, stellte ich das Geschirr zusammen und trug es in die Küche.

Genau in diesem Augenblick sprang Friedrich die Treppe herauf!

»Friedrich!«, flüsterte Mutter mit entsetzten Augen. Sie war starr vor Schreck.

Aufgeregt suchte ich nach einem Platz für mein Geschirr. Schließlich drückte ich es Mutter in die Hand.

»Lauf!«, sagte Mutter atemlos.

Ich rannte hinaus auf die Treppe und jagte Friedrich nach.

Er musste schon in der Wohnung sein.

Schneiders Wohnungstür stand offen.

Ich trat ein, um Friedrich zu suchen.

Friedrich war im Wohnzimmer. Mit gespreizten Beinen versperrte er die Tür. Bewegungslos starrte er auf Herrn Resch. Herr Resch kniete auf dem Wohnzimmerboden. Sein schreckensbleiches Gesicht war Friedrich zugewandt. Seine Rechte steckte in der Matratzenfüllung, die Linke streckte er abwehrend Friedrich entgegen. Wie ein Steindenkmal ragte er an seinem Platz. Nur seine Finger zitterten leise.

Am Boden lag die Einkaufstasche von Frau Resch. Sie war mit Büchern von Herrn Schneider gefüllt. Zwei Lampen guckten aus der Tasche hervor. Eine von Schneiders Decken verbarg das Übrige. Nur den silbernen Sabbatleuchter konnte man sehen, weil er nicht in die Tasche passte.

Den Boden des Zimmers bedeckten Papiere, Bilder, Briefe. Jemand hatte sie durchsucht und umhergestreut.

Eine von Schneiders Sitzkisten, gefüllt mit dem Hausrat, wartete abholbereit an der Tür. Herrn Schneiders kleiner Werkzeugkasten lag obenauf.

Im Raum hörte man nichts, keinen Atemzug.

Draußen auf der Straße redeten Menschen miteinander.

Die Stille drinnen war grauenhaft.

Draußen fuhr ein Wagen vorbei.

Mein Herz klopfte laut zum Irrsinnigwerden. Ich wagte nicht mich zu rühren.

Es dauert ewig.

Da spuckte Friedrich Herrn Resch mitten ins Gesicht. »Fledderer!«, schrie er, »Fledderer!«

Die Spucke rann Herrn Resch langsam von der Backe über den Mund. Mit dem Ärmel wischte er sie fort. Stoßend begann er zu atmen. Blut schoss ihm ins Gesicht. Sein ganzer Körper fing an zu beben. Die Hand verfehlte den Sabbatleuchter. Er griff ein zweites Mal danach und fasste ihn.

Noch immer stand Friedrich in der Tür ohne auch nur zu zucken.

Mühsam sich stützend richtete Herr Resch sich auf. Mit pfeifendem Atem wankte er auf Friedrich zu, den silbernen Sabbatleuchter in der erhobenen Hand.

Friedrich wich nicht.

»Hilfe!«, gellte da Herrn Reschs Stimme durch das Haus. »Überfall!«

Friedrich drehte sich um, ruhig, ohne Hast. Da sah er mich. Ich wollte ihm ein Zeichen geben.

»Ein Jude! – Haltet ihn! – Polizei!«, kreischte Herr Resch.

Friedrich nickte mir zu. Er sprang an mir vorbei, lief die Treppe hinab – aus dem Hause – fort.

Das Bild

Vater nahm seine Zeitung, er schaute auf die Uhr und sagte: »In einer Stunde werden sie hier sein!«

Die drei gepackten Köfferchen mit unseren wichtigsten Sachen standen griffbereit bei der Tür. Unsere Mäntel hingen über dem Stuhl.

»Möchtest du dich nicht vorher noch ein Weilchen hinlegen?«, fragte die Mutter.

»Nein«, lehnte Vater ab, »ich döse nachher.«

Es wurde wieder ganz still, man hörte nur das Ticken der Uhr.

Ich las weiter in meinem Buch.

Auf einmal war draußen ein leises Geräusch, ganz leise.

Ich horchte auf. Aber außer mir schien niemand etwas bemerkt zu haben.

Da wieder: ein zartes Klopfen.

Auch Vater hob den Kopf von der Zeitung.

»Da hat irgendjemand bei uns geklopft«, sagte ich.

Wir hielten den Atem an und lauschten.

Und noch einmal: Schwach, fast unheimlich pochte es an die Tür.

»Das ist Friedrichs Zeichen!«, rief ich und sprang auf.

»Still! Du bleibst hier!«, befahl Vater. Er drückte mich nieder auf meinen Stuhl. »Mutter sieht nach.«

»Geräuschlos verschwand Mutter. Als sie zurückkehrte, brachte sie Friedrich mit.

Friedrich hatte den Mantelkragen hochgeschlagen. Sein Mantel starrte vor Schmutz. Schleichend trat er an den Tisch und reichte Vater und mir die Hand. Auch die Hand war nicht sauber. Ängstlich musterte er unsere Gesichter und den Raum. Dann flüsterte er: »Ich gehe sofort wieder.«

»Zunächst setzt du dich einmal hin«, entschied Vater.

Aber Friedrich sträubte sich. Er wollte auch seinen Mantel nicht ablegen. Als er ihn schließlich doch auszog, konnte man an Jacke und Hose Schmutzkrusten erkennen; er trug kein Hemd. Friedrich schreckte zusammen, weil Mutter das Zimmer verließ.

Vater fragte nichts und sagte nichts. Nur mit Blicken ermunterte er Friedrich zu reden.

Es dauerte lange, bis Friedrich endlich stockend begann: »Ich wohne in einem Versteck. – Aber ich verrate nicht, wo!«, fuhr er gleich hoch.

150

»Das brauchst du auch nicht«, beruhigte ihn Vater.

»Es ist schrecklich. – So allein. – Ich kann immer nur an früher denken. – Aber ich habe so viel vergessen! – Vater und Mutter kann ich mir gar nicht mehr richtig vorstellen. – Nichts habe ich mehr, was mich an sie erinnert. – Die Uhr musste ich verkaufen. – Nur das habe ich noch!«

Aus einer Innentasche zog Friedrich die Füllhalterkappe mit seinem Namenszug; Lehrer Neudorf hatte ihm den Füller nach seinem dreizehnten Geburtstag geschenkt.

»Das andere Stück ist fort«, erklärte Friedrich, »vielleicht aus der Tasche gefallen.« Zart strich er über die Kappe. Als Mutter leise die Tür öffnete, zuckte er wieder zusammen.

Mutter setzte ihm ein großes, dick belegtes Brot vor. Abwartend blieb sie neben Friedrich stehen. Als sie sah, wie gierig er hineinbiss, ging sie zurück in die Küche.

Friedrich schlang das Brot hinunter. Er vergaß sogar zu danken. Nichts mehr beachtete er außer dem Brot. Nachdem er den letzten Bissen fast ohne zu kauen hinuntergeschluckt hatte, pickte er die Krümel vom Teller auf.

Mutter legte ihm noch zwei weitere Brote vor, die ebenso rasch verschwanden.

Erst danach redete Friedrich wieder: »Ich brauche ein Bild von Vater und Mutter. – Nur weil ich weiß, dass Sie eines haben, bin ich gekommen. – Damals, am ersten Schultag, auf dem langen Pferd. – Sie haben das

Bild, ich weiß es. – Bitte schenken Sie es mir.« Friedrich schwieg.

Vater überlegte.

»Das kann nur in der großen Schachtel sein!«, sagte Mutter. Sie ging zum Schrank und holte die Riesenpralinenschachtel heraus, die Vater ihr zum zehnten Hochzeitstag geschenkt hatte, weil er kurz vorher wieder Arbeit gefunden hatte. Sie öffnete die Schachtel und die obersten Bilder rutschten auf den Tisch.

»Dann will ich sie schnell durchsehen.« Vater legte geschwind ein Bild nach dem andern in den Deckel der Schachtel.

»Und du kommst solange mit mir!«, forderte Mutter Friedrich auf. Im Badezimmer hatte sie ihm heißes Wasser bereitet und Wäsche von mir zurechtgelegt.

Zunächst weigerte sich Friedrich, dann folgte er aber doch.

Die Schachtel enthielt viele hundert Bilder, Ansichts- und Glückwunschkarten. Vater und ich, wir suchten gemeinsam. Wir waren noch nicht bis zur Hälfte gekommen, als die Sirenen zu heulen begannen.

Verstört stürzte Friedrich aus dem Badezimmer. »Was soll ich jetzt tun?«, fragte er voller Schrecken.

»Dich erst mal fertig anziehen!«, antwortete Vater.

Friedrich knöpfte gehorsam das frische Hemd zu. Zitternd kämmte er sich die Haare.

»Wir nehmen ihn mit in den Keller«, plante Mutter.

»Das geht nicht!«, widersprach Vater. »Resch bringt uns ins Zuchthaus.«

»Aber wir können ihn doch jetzt nicht auf die Straße schicken!«, erklärte Mutter. »Schau dir doch an, wie der Junge aussieht.«

»Am besten ist, er bleibt hier in der Wohnung!«, meinte Vater. »Es wird schon nichts geschehen. Hier kann er warten, bis entwarnt ist. Dann suchen wir weiter nach dem Bild.«

Friedrich nahm den Beschluss ergeben hin.

»Aber Licht darfst du keines brennen lassen, Friedrich!«, ermahnte Vater ihn noch.

Wir fassten nach unseren Köfferchen und machten uns auf den Weg zum Luftschutzkeller.

Friedrich blickte uns voller Furcht nach.

Draußen schoss schon die Flak. Scheinwerfer schwenkten über den Himmel. Flugzeuge brummten. Splitter surrten abwärts.

Plötzlich entfalteten sich über uns zwei Leuchtzeichen. Sie sahen aus wie Weihnachtsbäume.

Im Keller

Die Tür zum öffentlichen Luftschutzraum war schon verschlossen. Vater stellte sein Köfferchen ab und legte die eisernen Hebel herum. Als es ihm nicht ganz gelang, schlug er gegen die Stahltür.

Herr Resch öffnete uns. Er trug seinen Stahlhelm

und die Armbinde, die ihn als Luftschutzwart kenntlich machte. »Es wird aber Zeit!«, brummte er.

Vater entgegnete nichts.

Wir durchquerten die Schleuse. Beim Eintritt in den eigentlichen Schutzraum grüßten wir mit »Heil Hitler!«.

Niemand antwortete.

Mit geschlossenen Augen saßen Frauen und alte Männer im Raum verteilt. Manche hatten sich auf die Bänke gelegt. Aber jeder hatte sein Gepäck neben sich stehen. Zwei Mütter mit kleinen Kindern hockten in einer dunklen Ecke. Die Kinder quengelten vor sich hin. In einer anderen Ecke saß ein Liebespaar, eng aneinander geschmiegt; der Mann war Feldwebel.

Wir setzten uns neben die Frischluftpumpe. Das war unser Platz. Das Luftschutzgepäck nahmen wir zwischen die Füße.

Vater lehnte sich gegen die feuchte weiße Wand und schloss die Augen.

»So wirst du deinen Husten niemals los!«, sagte Mutter.

Vater richtete sich wieder auf. »Ich kann ohnehin nicht schlafen!«, klagte er.

»Das glaube ich dir«, nickte Mutter.

Herr Resch, als Wart, durchquerte den Schutzraum. »Na, Kamerad, im Urlaub?«, sprach er den Feldwebel an.

Der Feldwebel schrak hoch und setzte sich gerade. »Jawohl!«, bestätigte er.

»Denen da oben werden wir es heute wieder einmal

154

zeigen!«, protzte Herr Resch. »Haben Sie gelesen? Gestern wieder fünfunddreißig feindliche Bomber abgeschossen.«

Der Feldwebel lächelte: »Dafür kommen heute wieder dreihundertfünfzig neue – und noch tausend dazu.«

Herr Resch räusperte sich. Ohne ein Wort wandte er sich um und ging in die Schleuse zurück.

Der Feldwebel nahm sein Mädchen wieder in den Arm.

Draußen böllerte es immer stärker. Seltsam hohl klangen die Abschüsse der Abwehrkanonen. Es hörte nicht mehr auf zu schießen, wie ein Rollen ging es immer wieder über uns weg. Zwischen die Abschüsse mischten sich Bombeneinschläge, einzeln, dann mehrere hintereinander. Schon fielen ganze Bombenteppiche nieder. Der Keller dröhnte.

»Der arme Junge!«, seufzte Mutter leise.

Vater machte nur »Hm«.

Herr Resch zog sich aus der Schleuse in den Luftschutzraum zurück. Er verriegelte auch die zweite Tür.

Wieder schlug es draußen ein. Diesmal schon näher, so nah, dass es die Kellerwände erzittern ließ.

Da trommelte es von draußen an die Tür.

»Wer kommt denn so spät?«, fragte Herr Resch und blickte sich im Raum um.

»Machen Sie doch auf!«, rief der Feldwebel aus seiner Ecke. Herr Resch entriegelte die zweite Tür.

Jemand wimmerte vor dem Keller. »Bitte, bitte, lasst mich rein! Biitte, biiitte!«

155

»Friedrich!«, stieß Mutter hervor. Ihr Mund stand offen. Ihre Augen waren schreckensweit.

»Aufmachen! Aufmachen!«, scholl es entsetzt von draußen. »Bitte aufmachen!«

Herr Resch öffnete die Stahltür.

Davor kniete Friedrich, die Hände gefaltet: »Ich habe Angst! Angst! Angst!« Auf allen vieren kroch er in die Schleuse.

Bei geöffneter Tür hörte man, welche Hölle draußen wütete. Der Luftdruck eines Einschlags schleuderte die Tür zu.

»Raus!«, brüllte Herr Resch. »Verschwinde! – Du bildest dir doch nicht ein, dass wir dich in unsern Schutzraum lassen!« Er atmete wieder rasch und prustend. »Raus! Scher dich hinaus!«

Der Feldwebel erhob sich und ging zur Schleuse. »Sind Sie verrückt geworden? Sie können den Jungen doch nicht bei diesem Angriff aus dem Keller jagen!«

»Wissen Sie, was der ist?«, verteidigte sich Herr Resch. »Das ist ein Jude!«

»Na und?«, fragte der Feldwebel erstaunt. »Und wenn es ein räudiger Hund wäre, lassen Sie ihn drin, bis der Angriff vorüber ist!« Auch die übrigen Insassen des Luftschutzraumes beteiligten sich nun. »Er soll den Jungen drinlassen!«, tönte es von allen Seiten.

»Was fällt denn Ihnen überhaupt ein?«, schrie Herr Resch den Feldwebel an. »Was mischen Sie sich in meine Angelegenheiten?! Wer ist hier Luftschutzwart, Sie oder ich?! Sie haben sich meinen Anordnungen zu fügen, verstanden! Sonst zeige ich Sie an.«

Unschlüssig stand der Feldwebel und schaute Friedrich lange an. Alle schwiegen. Nur der Lärm von draußen drang herein.

Friedrich lehnte noch immer bleich in der Schleuse, er hatte sich wieder beruhigt.

»Geh, Junge! Geh freiwillig!«, sagte der Feldwebel leise. »Sonst gibt es doch nur Ärger!«

Wortlos verließ Friedrich den Schutzraum.

Abschüsse und Einschläge donnerten draußen ohne Pause. Man hörte sogar das Pfeifen der fallenden Bomben und das Rauschen der niedergehenden Brandsätze.

Mutter lehnte heulend an Vaters Schulter.

»Nimm dich doch zusammen!«, flehte Vater. »Du bringst uns alle ins Unglück.«

Ende

Draußen empfingen uns Staub und Hitze. Der Himmel war brandrot. Flammen loderten aus Dachstühlen und Fensterhöhlen. Trümmerhaufen rauchten. Glassplitter und Scherben von Dachziegeln übersäten die Straße. Dazwischen lagen die Fußstücke von Brandbomben, die ihr Ziel verfehlt hatten.

Verzweifelte Frauen weinten vor Ruinen, über denen noch schwere Wolken von Ziegelstaub und gepulvertem Mörtel in der Luft hingen. Neben einer Gartenmauer lag ein Mensch. Jemand hatte ihm einen zerfetzten Unterrock über das Gesicht geworfen.

Mutter stützend suchten wir den Heimweg.

Herr und Frau Resch schlossen sich uns an.

Bei unserem Haus hatte eine Sprengbombe die Straße aufgerissen. Aber das Haus stand noch da. Das Dach war zum Teil abgedeckt, in allen Fenstern fehlte das Glas.

Wir betraten den Vorgarten.

Sofort lief Herr Resch auf die kleine Grasfläche. Er nahm Polykarp, den Gartenzwerg, hoch. Ein Splitter hatte die Spitze der Zipfelmütze abgeschlagen. Herr Resch suchte die Spitze. Als er sie im Rotdunkel der Brandnacht entdeckte, sagte er zu Vater: »Schade drum! Ich will versuchen, ob es sich wieder ankleben lässt.«

Angstvoll schaute Mutter sich nach Friedrich um.

Friedrich saß in den Schatten des Hauseingangs hingeduckt. Die Augen hielt er geschlossen, sein Gesicht war blass.

»Bist du wahnsinnig?«, fuhr es Vater heraus.

Da bemerkte auch Herr Resch die Gestalt.

Vater wartete noch immer unschlüssig auf dem Plattenweg. Man sah ihm an: Er wusste nicht, was er tun sollte.

Herr Resch schob seine Frau beiseite und trat näher; auf dem Arm trug er Polykarp, seinen Gartenzwerg.

»Scher dich fort!«, zischte er Friedrich an. »Glaubst

du, weil nach diesem Angriff alles drunter und drüber geht, wärst du sicher davor, abgeholt zu werden?!«

Schrill schrie Mutter: »Sehen Sie denn nicht? Er ist doch ohnmächtig!«

Mit einem spöttischen Lächeln schaute Resch meine Mutter an: »Die Ohnmacht werde ich ihm schnell austreiben. – Ich muss mich allerdings sehr über Ihr Mitgefühl mit Juden wundern! – Sie, als Frau eines Parteigenossen?!«

Vater zog Mutter beim Ärmel.

Mutter schlug die Hände vor das Gesicht.

Herr Resch hob den Fuß und trat Friedrich.

Friedrich rollte aus dem geschützten Hauseingang auf den Plattenweg. Von der rechten Schläfe zog sich eine Blutspur bis zum Kragen.

Meine Hand verkrampfte sich in den dornigen Rosensträuchern.

»Sein Glück, dass er *so* umgekommen ist«, sagte Herr Resch.

Anhang

Die jüdische Religion ist eine so genannte »Gesetzesreligion«. Das Leben der Juden ist durch eine sehr große Zahl von Geboten und Gesetzen geregelt. Die wichtigste Quelle für diese Gesetze stellt die Thora (= Lehre) dar.

Die Thora, das sind die fünf Bücher Mose. Sie enthalten nach jüdischer Zählung bereits 613 Gebote. Im Grunde lässt sich das gesamte jüdische Brauchtum auf die Thora zurückführen. Allerdings haben einzelne Handlungen eine lange Geschichte und Entwicklung durchgemacht. Sie sind nicht mehr unmittelbar abzuleiten.

Schon der Talmud (= das Lernen), der zwischen dem fünften Jahrhundert vor und dem sechsten Jahrhundert nach Christus entstand, versucht die einzelnen Gesetze auszulegen und verständlich zu machen. Im sechzehnten Jahrhundert erschien dann der Schulchan Aruch (= Gedeckter Tisch); er fasst die wichtigsten Gebote, Gesetze und Handlungen zusammen. Für den strenggläubigen Juden gibt er auch heute noch die rechte religiöse Verhaltensweise an.

Soweit sich das im Buch beschriebene Brauchtum nicht unmittelbar verständlich aus der Thora aufzeigen ließ, ist in diesem Anhang auf den Schulchan Aruch verwiesen.

Seite 10: Die erste Geldentwertung, die so genannte ›Inflation‹, begann im August des Jahres 1922. Bis zum November 1923 verlor das Geld fortgesetzt an Wert. Am 15. November 1923 wurde durch eine neue Währungsordnung der Inflation ein Ende gesetzt; der Wert von 1 Billion (1 000 000 000 000) Papiermark war von diesem Zeitpunkt ab gleich 1 Rentenmark. Durch diese Geldentwertung waren viele Deutsche verarmt. Hinzu kam, dass die Zahl der Arbeitslosen allmählich stark anstieg: Ende Dezember 1930 gab es in Deutschland bereits 4,4 Millionen Arbeitslose, Ende Dezember 1931 waren es rund 5,7 Millionen; 1932 stieg die Zahl über 6 Millionen und sank auch in den günstigsten Monaten nicht mehr unter 5 Millionen.

Seite 15: Als Zeichen des Bundes, den Gott mit den Juden eingegangen ist, befiehlt er in der Thora (1. Buch Mose 17,12): »Einen jeglichen Knaben unter euern Nachkommen sollt ihr beschneiden, wenn er acht Tage alt ist.«

Seite 24: Es handelt sich um den Tallith. Der fromme Jude legt insbesondere beim Gebet ein schalartiges befranstes Tuch, den so genannten Tallith, um. In Zeiten der Verfolgung oder bei den Juden, die sich dem Gastvolk eingliedern wollten, konnte der Gebetsschal zum Verräter werden. Anstelle des großen Schals wurde dann häufig der ›kleine Tallith‹ unter der Kleidung getragen, um das Gebot zu befolgen. Dieses Ritual geht zurück auf das 4. Buch Mose (15,37/39):
»Und der Herr sprach zu Moses. Sage den Kindern Israels, sie sollen sich und ihren Nachkommen Quasten an die Zipfel ihrer Kleider machen und blaue Schnüre an die Quasten. Diese Quasten sollen euch an die Gebote erinnern . . .«

Seite 24: Strenggläubige Juden legen oft auch im Raum ihre Kopfbedeckung nicht ab. Besonders beim Gebet und Gottesdienst halten sie das Haupt bedeckt (Schulchan Aruch, Orach Chajim, 91 § 3).

Seite 25: Der Großvater gebraucht eines der Argumente, wie sie gelegentlich Christen gegen jüdische Menschen vorbringen.

Seite 26: Mit der Mesusah wird das Gebot im 5. Buch Mose (6,9) befolgt:
»Und schreibe sie (die Gebote Gottes an sein Volk) an die Pfosten deines Hauses und an deine Tore.«

Seite 26: Während des Sabbats soll der Ofen brennen bleiben, denn die Thora schreibt im 2. Buch Mose (35,3) vor:

161

»Am Sabbat sollt ihr in euren Wohnungen kein Feuer an-
zünden.«

Seite 27: Sabbatleuchter: Mindestens zwei Lichter werden zur
Feier des Sabbat entzündet, wie der Schulchan Aruch vor-
schreibt. Sie sollen während des Sabbat Licht geben, da es
nicht erlaubt ist, anderes Licht anzuzünden (Schulchan
Aruch, Orach Chajim, 263 § 1).

Seite 27: Sabbatbrote liegen zugedeckt auf dem Tisch. Auch dieser Brauch ist im Schulchan Aruch vorgeschrieben.

Seite 27: Sabbat: Im 2. Buch Mose (31,12/15) heißt es:

»Und der Herr sprach zu Moses: Sage den Kindern Israels: Haltet meinen Sabbat, denn dieser ist ein Zeichen
zwischen mir und euch und euern Nachkommen, damit
ihr wisst, dass ich der Herr bin, der euch heiligt. Darum
haltet meinen Sabbat: Er soll euch heilig sein. Wer ihn
entheiligt, soll sterben. Wer am Sabbat arbeitet, soll von
seinem Volk ausgerottet werden. Sechs Tage soll man arbeiten, aber am siebten Tag ist Sabbat, die heilige Ruhe
des Herrn.«

Seite 28: Kidduschbecher: Zur Feier des Sabbat wird der Wein
gesegnet.

Seite 28: Gebetskäppchen: Ersetzt bei passenden Gelegenhei-
ten als Kopfbedeckung den Hut.

Seite 28: Der Segensspruch für Kinder geht auf das 1. Buch
Mose (Kapitel 48) zurück.

Seite 28: Der Segensspruch für die Frau (Sprüche 31,10/31)
beginnt:

»Wem eine tugendhafte Frau gegeben, der besitzt Edleres
als köstliche Perlen. Das Herz ihres Mannes kann sich
auf sie verlassen! Ihm wird es an Nahrung nicht man-
geln . . .«

Seite 28: Das Händewaschen vor dem Brotessen gehört zu den
alten nachmosaischen Geboten (siehe auch: Matthäus
15,2).

Seite 37: Der Name Askenase deutet auf die jüdische Herkunft hin. Denn die Juden bezeichnen gern die aus Deutschland stammenden Juden als Aschkenasim nach dem 1. Buch Mose (10,3):

»Aber die Kinder von Gomer sind: Askenase, Riphath und Thogarma.«

Die aus Spanien stammenden Juden dagegen heißen Sephardim nach Obadja 20:

». . . und die aus Jerusalem Vertriebenen, die zu Sepharad sind, werden die Städte gegen Mittag besitzen.«

Seite 39: Der Bart wird bei strenggläubigen Juden nicht geschoren. Im Buch Mose (19,27) heißt es:

»Ihr sollt euer Kopfhaar rundherum nicht schneiden noch euern Bart scheren.«

Seite 43: Im Jahre 1933 war es noch möglich, auch als 7- oder 8-Jähriger in das ›Deutsche Jungvolk‹ aufgenommen zu werden. Die strenge Organisation setzte sich erst später durch. Danach blieb das Deutsche Jungvolk den 10- bis 14-Jährigen vorbehalten. Mit 14 Jahren wurde man vom Jungvolk in die Hitlerjugend überwiesen.

Seite 44: Die kleinste Einheit innerhalb des Deutschen Jungvolks war die Jungenschaft. Sie umfasste etwa zehn Jungen. Drei Jungenschaften schlossen sich zu einem Jungzug zusammen. Drei Jungzüge ergaben ein Fähnlein. Mehrere Fähnlein bildeten einen Jungstamm. Die entsprechenden Einheitsführer hießen: Jungenschaftsführer, Jungzugführer, Fähnleinführer, Jungstammführer. Während später der Grundsatz »Jugend soll von Jugend geführt werden« genau befolgt wurde, gab es in den ersten Jahren noch zahlreiche ältere Jugendführer.

Seite 44: In den Jahren bis 1933 gab es wiederholt blutige Zusammenstöße zwischen Angehörigen der Hitlerjugend und denen anderer Parteien, besonders der Kommunistischen Partei Deutschlands (KPD).

Seite 46: Die Siegrune ⚡ ist der Buchstabe S des Runenalphabets. Sie war das Zeichen des Deutschen Jungvolks. Die SS führte zwei nebeneinander stehende Siegrunen als Zeichen: ⚡⚡

Seite 46: ›Pimpf‹ war die ordnungsgemäße Bezeichnung für einen Angehörigen des Deutschen Jungvolks.

Seite 46: Der Jungvolkgruß lautete: Sieg Heil!

Seite 47: Die Gauleitung war nach der Reichsleitung die höchste organisatorische Einheit in der Nationalsozialistischen Deutschen Arbeiterpartei (NSDAP). 1938 gab es insgesamt 41 Inlandsgaue und einen Auslandsgau. Bei der vorgesehenen Reichsreform sollte die Gaueinteilung an die Stelle der Ländereinteilung treten.

Seite 47: Das Schächten bietet seit dem Mittelalter immer wieder Gelegenheit zu Angriffen gegen die Juden. Die Wahrheit wurde häufig entstellt, um die Juden zu diffamieren. Es stützt sich auf das 5. Buch Mose (12,23/24): »Allein merke, dass du Blut nicht essest; denn Blut ist die Seele. Du sollst die Seele nicht mit dem Fleische essen, sondern auf die Erde gießen wie Wasser.«

Das Schächten verlangt vom Schächter gründliche fachliche und religiöse Kenntnisse.

Seite 66: ›Der Stürmer‹, Wochenzeitung, die sich besonders gegen Juden wandte.

Seite 69: Der Kreis setzte sich aus mehreren Ortsgruppen zusammen. Die Kreisleitung erfasste ungefähr das Gebiet einer mittleren Stadt. Mehrere Kreise bildeten einen Gau.

Seite 75: Solche Gräuel sind besonders aus der spanischen Judenverfolgung des Mittelalters bekannt geworden. Aber auch die Verfolgungen während der Kreuzzüge in Frankreich und am Oberrhein und später in Russland standen ihnen nicht nach. Die Beweggründe für diese Ausschreitungen und Verfolgungen waren nicht nur religiöser Art, sondern die Folge systematischer Verhetzung. Das ist auch daraus ersichtlich, dass eine Reihe von Bischöfen und Fürsten den Verfolgten Zuflucht und Schutz gewährten.

Seite 79: Der Unterricht an den Schulen wurde mit »Heil Hitler«, dem so genannten Deutschen Gruß, begonnen und beendet.

Seite 95: ›Bar Mizwah‹ heißt ›Sohn des Gebotes‹. Mit der Vollendung des dreizehnten Lebensjahres wird der männliche Jude in die Glaubensgemeinde aufgenommen. Die Feier entspricht etwa der Konfirmation. Von dem Tage seiner Aufnahme in die Gemeinde an ist der junge Jude für seine Taten und Handlungen im religiösen Sinn voll verantwortlich.

Seite 95: Die Synagoge wird im Jiddischen ›Schul‹ genannt. Sie ist weniger Andachtsraum als Lehrhaus.

Seite 95: »Schabbes«, jiddisch für Sabbat, eigentlich »Gut Schabbes«, entspricht etwa dem Wunsch »Frohes Wochenende«.

Seite 96: Rabbi: Die deutsche Form heißt Rabbiner und bedeutet etwa ›Meister‹. Der Rabbiner ist nicht Priester, sondern Gesetzeslehrer oder Ausleger von religiösen Gesetzen. Jüdische Priester gibt es seit der Zerstörung des Tempels in Jerusalem nicht mehr.

Seite 96: Das Wiegen gilt bei den Juden als Ausdruck besonders inbrünstigen Gebetes: Der Jude betet mit Seele und Körper.

Seite 96: Vorhang vor der Lade: Im 2. Buch Mose (26,31) heißt es:

»Du sollst einen Vorhang machen von blauem und rotem Purpur, Scharlach und gezwirnter weißer Leinwand.«

Seite 96: Der Raum ist schmucklos in Befolgung des Gebotes im 2. Buch Mose (20,4):

»Du sollst dir weder Bild noch irgendein Gleichnis machen von dem, was im Himmel ist oder auf der Erde oder im Wasser.«

Seite 96: Die Frauen sitzen in der Synagoge abseits, entweder auf Balkonen oder in einem abgetrennten Teil des Raumes. Die Jüdin ist wegen ihrer häuslichen Aufgaben von den religiösen Pflichten weitgehend entbunden.

Seite 97: Die Juden werden aufgerufen jeweils einen Thora-Abschnitt zu lesen, weil der Gottesdienst nicht vom Rabbi zelebriert wird, sondern von der Gemeinde gefeiert wird.

Seite 100: Hundertzwanzig Lebensjahre wünscht man sich, weil auch Moses hundertzwanzig Jahre alt geworden ist. Im 5. Buch Mose (37,4) heißt es:

»Und Moses war hundertzwanzig Jahre alt, als er starb.«

Seite 104: Diese Fassung der zweiten Strophe des Liedes von Arno Pardun steht noch in den Liederbüchern von 1931. Sie war am bekanntesten. Eine andere Fassung kam 1933. Sie lautete:

»Viele Jahre zogen ins Land,

geknechtet das Volk und betrogen.

Das Blut unsrer Brüder färbte den Sand,

um heilige Rechte betrogen.

Im Volke geboren erstand uns ein Führer,

gab Glaube und Hoffnung an Deutschland uns wieder.

Volk, ans Gewehr! Volk, ans Gewehr!«

Diese Fassung hat sich jedoch nicht durchgesetzt.

Seite 106: ›Pogrom‹ kommt aus dem Russischen und heißt: zerstören, verwüsten.

Seite 117: Das Sündenbekenntnis kann in der Todesstunde auch Laien gegenüber abgeleistet werden. Dieser Brauch stützt sich auf die Vorschriften des Schulchan Aruch.

Seite 117: Die Totengebete sind unterschiedlich. Wichtig ist vor allem das »Sch'ma Jisroel: Adonoj elohènu; Adonoj echod!« – »Höre Israel . . .« (5. Buch Mose 6,4).

Seite 118: Das Zerreißen eines Kleidungsstückes beim Tod eines Angehörigen heißt Keriah und ist eine Gebärde der Trauer.

»Als nun Ruben wieder zur Grube kam und fand Joseph nicht darin, zerriss er sein Kleid.« (1. Buch Mose 37,29).

Seite 118: Die Totenkerze steht für das Leben. Sie lässt sich ableiten aus den Sprüchen 20,27:
»Eine Leuchte des Herrn ist der Geist des Menschen; sie geht durch alle Kammern seines Leibes.«

Seite 122: Der Film ›Jud Süß‹ stellte die Juden betont negativ dar, um dadurch den Boden für die geplante Judenpolitik zu bereiten.

Seite 139: Der aus zwei gleichseitigen Dreiecken zusammengesetzte so genannte Davidstern gilt seit alten Zeiten als das Symbol des Judentums, ohne dass er aus den heiligen Schriften zwingend abgeleitet werden könnte.

Seite 143: Pslam 22, 2/7.

Seite 143: Das so genannte ›Schiwe-Sitzen‹ beim Verlust eines Angehörigen findet sich in der Thora und bei Hiob 2,13:
»Und saßen mit ihm auf der Erde sieben Tage und sieben Nächte und redeten nicht mit ihm, denn sie sahen, dass sein Schmerz sehr groß war.«

Seite 153: Diese so genannten ›Weihnachtsbäume‹ grenzten für die angreifenden Bomber den Zielraum ab.

Zeittafel

(Bei Gesetzen, Erlassen und Verordnungen sind die Veröffentlichungsdaten angegeben)

30. 1. 33   Adolf Hitler wird Reichskanzler.

5. 3. 33   Reichstagswahl, Einzelaktionen gegen Juden.

24. 3. 33   Der Reichstag ermächtigt Hitler an seiner Stelle Gesetze zu erlassen (Ermächtigungsgesetz).

1. 4. 33   Eintägiger Boykott jüdischer Geschäfte.

7. 4. 33   Nicht arische Beamte werden in den Ruhestand versetzt (ausgenommen Kriegsteilnehmer).

21. 4. 33   Das rituelle Schächten wird verboten.

25. 4. 33   Die Neuaufnahme von Nichtariern an Schulen und Hochschulen wird eingeschränkt.

16. 6. 33   Im Deutschen Reich leben rund 500 000 Juden.

14. 7. 33   ›Unerwünschten‹ kann die deutsche Staatsangehörigkeit aberkannt werden.

2. 8. 34   Reichspräsident von Hindenburg stirbt. Hitler macht sich als ›Führer und Reichskanzler‹ zum Staatsoberhaupt.

16. 3. 35   Wiedereinführung der Wehrpflicht.

6. 9. 35   Der Verkauf jüdischer Zeitungen im Straßenhandel wird verboten.

15. 9. 35   Nur Staatsangehörige deutschen oder artverwandten Blutes können ›Reichsbürger‹ werden.
Juden dürfen Staatsangehörige deutschen Blutes nicht heiraten.
Juden dürfen deutsche Hausangestellte unter 45 Jahren nicht beschäftigen (Nürnberger Gesetze).

30. 9. 35   Alle jüdischen Beamten werden beurlaubt.

7.	3.	36	Juden besitzen kein Reichstagswahlrecht; Wiederbesetzung des Rheinlandes.
1.	8.	36	Eröffnung der Olympischen Spiele in Berlin.
2.	7.	37	Weitere Einschränkung der Zahl jüdischer Schüler an deutschen Schulen.
16.	11.	37	Juden erhalten nur noch in besonderen Fällen Auslandspässe.
13.	3.	38	Einmarsch deutscher Truppen in Österreich.
26.	4.	38	Juden müssen ihr Vermögen angeben.
6.	7.	38	Juden werden bestimmte Gewerbe untersagt (z. B. Makler, Heiratsvermittler, Fremdenführer).
23.	7.	38	Juden müssen ab 1. 1. 39 Kennkarten bei sich führen.
25.	7.	38	Jüdische Ärzte gelten ab 30. 9. 38 nur noch als ›Krankenbehandler‹.
27.	7.	38	Alle ›jüdischen‹ Straßennamen werden entfernt.
17.	8.	38	Juden dürfen ab 1. 1. 39 nur noch jüdische Vornamen haben. Wenn sie deutsche Namen führen, müssen sie zusätzlich den Namen ›Israel‹ bzw. ›Sara‹ annehmen.
5.	10.	38	Jüdische Reisepässe werden mit einem ›J‹ versehen.
28.	10.	38	Rund 15 000 ›staatenlose‹ Juden werden nach Polen abgeschoben.
7.	11.	38	Attentat des Juden Herschel Grynszpan auf den deutschen Gesandtschaftsrat vom Rath in Paris.
8.	11.	38	Erste Ausschreitungen gegen Juden.
9.	11.	38	v. Rath stirbt. Beginn des Pogroms.
10.	11.	38	Pogrom (Nacht vom 9./10. 11. ›Reichskristallnacht‹).
11.	11.	38	Juden dürfen Waffen weder besitzen noch führen.
12.	11.	38	Der Gesamtheit aller deutschen Juden wird eine Sühneleistung von 1 Milliarde Reichsmark auferlegt. Die Juden müssen alle Schäden des Pogroms auf eigene Kosten sofort beseitigen.

Juden dürfen keine Geschäfte und Handwerksbetriebe mehr führen.

Juden dürfen keine Theater, Lichtspielhäuser, Konzerte und Ausstellungen mehr besuchen.

15. 11. 38 Alle jüdischen Kinder werden aus deutschen Schulen entfernt.

23. 11. 38 Alle jüdischen Betriebe werden aufgelöst.

28. 11. 38 Juden dürfen sich ab sofort zu bestimmten Zeiten und in bestimmten Gebieten nicht mehr bewegen.

3. 12. 38 Juden werden Führerscheine und Zulassungspapiere für Kraftfahrzeuge entzogen.

3. 12. 38 Juden müssen ihre Betriebe verkaufen, ihre Wertpapiere und Schmucksachen abliefern.

8. 12. 38 Juden dürfen keine Universitäten mehr besuchen.

15. 3. 39 Einmarsch deutscher Truppen in die Tschechoslowakei.

30. 4. 39 Der Mieterschutz für Juden wird eingeschränkt.

17. 5. 39 Im Deutschen Reich leben noch rund 215 000 Juden.

4. 7. 39 Die Juden müssen sich in einer ›Reichsvereinigung der Juden‹ zusammenschließen.

1. 9. 39 Beginn des Zweiten Weltkriegs.
Einmarsch deutscher Truppen in Polen.
Juden dürfen im Sommer nach 21 Uhr und im Winter nach 20 Uhr ihre Wohnung nicht mehr verlassen.

21. 9. 39 Juden-Pogrome in Polen.

23. 9. 39 Alle Juden müssen ihre Rundfunkgeräte der Polizei abliefern.

12. 10. 39 Deportation von Juden aus Österreich nach Polen.

19. 10. 39 Die Sühneleistung der Juden wird auf 1,25 Milliarden Reichsmark erhöht; letzter Zahlungstermin ist der 15. 11. 39.

23. 11. 39 Einführung des Judensterns in Polen.

6. 2. 40 Juden erhalten keine Kleiderkarte.

12.	2.	40	Erste Deportation deutscher Juden.
29.	7.	40	Juden dürfen keinen Fernsprechanschluss mehr besitzen.
12.	6.	41	Juden dürfen sich nur noch als ›glaubenslos‹ bezeichnen.
31.	7.	41	Beginn der ›Endlösung‹.
1.	9.	41	Juden müssen einen Judenstern tragen. Sie dürfen ohne polizeiliche Genehmigung ihren Wohnbezirk nicht mehr verlassen.
14.	10.	41	Beginn der allgemeinen Deportationen aus Deutschland.
26.	12.	41	Juden dürfen öffentliche Fernsprechstellen nicht benutzen.
1.	1.	42	Im Deutschen Reich leben noch rund 130 000 Juden.
10.	1.	42	Juden müssen alle Woll- und Pelzsachen aus ihrem Besitz abliefern.
17.	2.	42	Juden dürfen keine Zeitungen und Zeitschriften beziehen.
26.	3.	42	Jüdische Wohnungen müssen durch einen Judenstern neben dem Namensschild kenntlich gemacht werden.
24.	4.	42	Juden ist die Benutzung öffentlicher Verkehrsmittel untersagt.
15.	5.	42	Juden ist das Halten von Hunden, Katzen, Vögeln usw. verboten.
29.	5.	42	Juden ist der Besuch von Friseurgeschäften verboten.
9.	6.	42	Juden müssen alle entbehrlichen Kleidungsstücke abliefern.
11.	6.	42	Juden erhalten keine Raucherkarten.
19.	6.	42	Juden müssen alle elektrischen und optischen Geräte sowie Schreibmaschinen und Fahrräder abliefern.

20.	6.	42	Alle jüdischen Schulen werden geschlossen.
17.	7.	42	Blinde und schwerhörige Juden dürfen keine Armbinden zur Kennzeichnung im Verkehr mehr tragen.
18.	9.	42	Juden erhalten kein Fleisch, keine Eier und keine Milch mehr.
4.	10.	42	Alle Juden aus deutschen Konzentrationslagern werden nach Auschwitz verlegt.
21.	4.	43	Straffällige Juden sind nach Verbüßung einer Strafe dem KZ Auschwitz oder Lublin zuzuführen.
1.	9.	44	Im Deutschen Reich leben noch rund 15 000 Juden.
13.	11.	44	Juden ist die Benutzung von Wärmeräumen verboten.
8.	5.	45	Ende des Zweiten Weltkriegs. Zusammenbruch des Deutschen Reiches.

dtv pocket
Bücher für Jugendliche

Band 78016

Band 78055

1938 zieht der zehnjährige jüdische Junge David Rosen mit seiner Mutter Hanna in die »Stiege«, eine Armeleute-straße in der westfälischen Stadt Hagen. Christen und Juden, Sozialdemokraten und Kommunisten, Nazis und Mitläufer leben hier in engster Nachbarschaft miteinander. Alle haben mit denselben Problemen zu kämpfen: mit der steigenden Arbeitslosig-keit und der Geldknappheit. Hanna und ihr Sohn werden schnell in der neuen Umge-bung aufgenommen. Aber der Druck der Nazis wird von Tag zu Tag stärker: Immer mehr werden die beiden isoliert und schließlich ver-folgt…

1942 wird David Rosen nach Theresienstadt gebracht. Dieses Lager, von den Nazis als »Vorzeige-KZ« konzipiert um es der Presse und aus-ländischen Besuchern vorzu-führen, wird von seinen Bewohnern auch »Vorhof der Hölle« genannt. Jeder hier weiß, dass es aus Theresien-stadt nur einen Weg gibt: in die Vernichtungslager. David merkt schnell, dass hinter der künstlichen Fassade der gleiche brutale Alltag von Terror, Angst und Hunger herrscht, dem die Juden in dieser Zeit überall ausgesetzt sind. Er hat nur ein Ziel: Er will diesen Alptraum überleben.

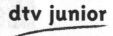

dtv junior

Ein Leben im Verborgenen

Luke ist ein Schattenkind, der dritte Sohn seiner Eltern in einem System, das nur zwei Kinder erlaubt. Eines Tages entdeckt er im Haus gegenüber das Gesicht eines Mädchens. Dabei leben dort schon zwei Jungen ...

ISBN 3-423-**70635**-X
Ab 12

Im Internat der Hendricks-Schule wird aus Luke Lee. Doch ständig lauert die Gefahr entdeckt zu werden. Wem kann Luke trauen und vor wem muss er sich in Acht nehmen? Einige Schüler benehmen sich äußerst merkwürdig.

ISBN 3-423-**70770**-4
Ab 12
April 2003

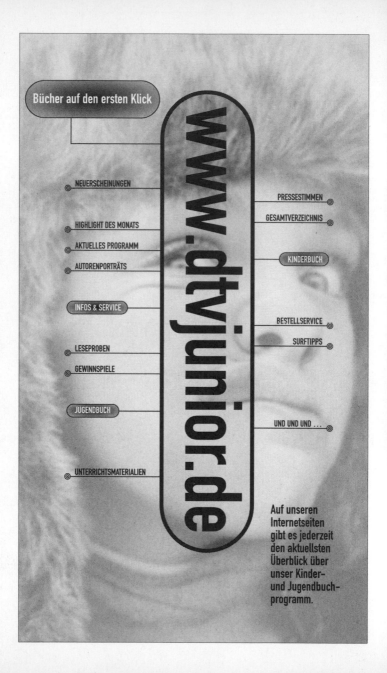

Bücher auf den ersten Klick

www.dtvjunior.de

NEUERSCHEINUNGEN

HIGHLIGHT DES MONATS

AKTUELLES PROGRAMM

AUTORENPORTRÄTS

INFOS & SERVICE

LESEPROBEN

GEWINNSPIELE

JUGENDBUCH

UNTERRICHTSMATERIALIEN

PRESSESTIMMEN

GESAMTVERZEICHNIS

KINDERBUCH

BESTELLSERVICE

SURFTIPPS

UND UND UND …

Auf unseren Internetseiten gibt es jederzeit den aktuellsten Überblick über unser Kinder- und Jugendbuch-programm.